THOMAS BAYRLE

MUSTERZEICHNER
PATTERN DESIGNER

Mit Texten von With texts by
Spyros Papapetros, Nicolaus Schafhausen,
Christoph Thun-Hohenstein, Bärbel Vischer

Herausgegeben von Edited by
Christoph Thun-Hohenstein,
Nicolaus Schafhausen,
Bärbel Vischer

INHALT CONTENTS

Ganzheitliche Kunst als Seismograf der Digitalen Moderne

Der zeitgenössischen bildenden Kunst wird oft die Rolle zugeschrieben, die Gegenwart kritisch zu reflektieren, also Seismograf menschlicher Zivilisation zu sein. Dieser großen Aufgabe gerecht zu werden, gelingt freilich selten, denn Kunst, die gemäß dem Motto „Der Zeit ihre Kunst" bewusst Ausdruck ihrer Zeit sein will, riskiert, sich zu sehr in den Dienst ihres Anspruchs zu stellen und im Ergebnis zu bemüht zu wirken. Wenn sich Kunst aber vollkommen der Prämisse „Der Kunst ihre Freiheit" verschreibt, läuft sie wiederum Gefahr, zu wenig greifbar, zu abstrakt zu sein und damit als künstlerischer Kommentar ihrer Zeit kaum Aussagekraft zu entwickeln. Nur wenige Kunstschaffende schaffen den Spagat, zeitlos gültig auf der Höhe ihrer Zeit zu agieren.

Thomas Bayrle ist das wunderbare Beispiel eines solchen Künstlers. In über fünf Jahrzehnten künstlerischer Tätigkeit hat er ein Werk entwickelt, das durch künstlerischen Tiefgang besticht, doch durch serielle Techniken und kühne Ornamentik leicht zugänglich ist. Er hat das Glück, als gelernter Weber immer schon die Qualität des Handwerks zu schätzen zu wissen. Er war und ist privilegiert, in einem Land zu wirken, mit dessen Wiederaufbau nach dem Zweiten Weltkrieg ein fast beispielloses Erfolgsmodell ökosozialer Marktwirtschaft seinen Ausgang nahm. Die Ambivalenz künstlerischer Existenz zwischen Faszination für das deutsche Wirtschaftswunder mit seinen global bewunderten Maschinen und attraktiven Konsumwelten einerseits und den Erschütterungen durch Terrorismus, aber auch durch die ökologischen und gesellschaftspolitischen Schattenseiten einer Massenkonsumgesellschaft andererseits war nicht nur für Bayrle, sondern für viele Kunstschaffende in Deutschland eine besondere Herausforderung. Worin sich Bayrle aber maßgeblich von seinen KollegInnen unterscheidet, sind sein Interesse am technologischen Fortschritt und seine Beschäftigung mit dem Glauben im christlich-jüdischen Dialog. In der konsequenten Verknüpfung dieser beiden wesentlichen Aspekte liegt meines Erachtens der Schlüssel für das Verständnis von Bayrles Werk und dessen besonderer Relevanz im digitalen Zeitalter.

Bayrle ist kein Katholik. „Katholisch sein" ist für ihn „wie eine ständig arbeitende Maschine – immer fließt Energie, es geht wie elektrisch", was etwa beim Rosenkranzbeten deutlich hervortrete. Für den Künstler zählt zugleich die Qualität von Meditation als Gegengewicht zur heutigen totalen Konsum- und Werbegesellschaft. Je umfassender Meditation ansetzt, umso eher eröffnen sich Wege zur Überwindung des heutigen Massenkonsums. Das Wort katholisch leitet sich aus dem griechischen καθολικός (katholikós) ab, „das Ganze betreffend, allgemein gültig", aus κατά (katá) „gemäß" und ὅλος (hólos) „ganz, vollständig": in ihm steckt somit ein holistischer, also ganzheitlicher Anspruch. Wenn ich Bayrle richtig deute, ist es ihm ein zentrales Anliegen, dass wir uns bei aller Attraktivität der Waren(werbung) vom Massenkonsum nicht zumüllen lassen, sondern den Blick für das Ganze, Wesentliche bewahren. So anziehend, verblendend serielle Massenproduktion sein mag, wir müssen uns die Fähigkeit bewahren, das Gesamtbild zu erkennen und meditativ zu verinnerlichen.

Als scharfsinniger, sinnlicher Beobachter des Übergangs von der dritten zur vierten industriellen Revolution macht uns Thomas Bayrle bewusst, dass wir an einem Scheideweg stehen: entweder erliegen wir vollends den Reizen digitaler Überflutung und Bevormundung und automatisieren unser Leben oder wir erkennen, dass diese Technologien uns auch zu etwas

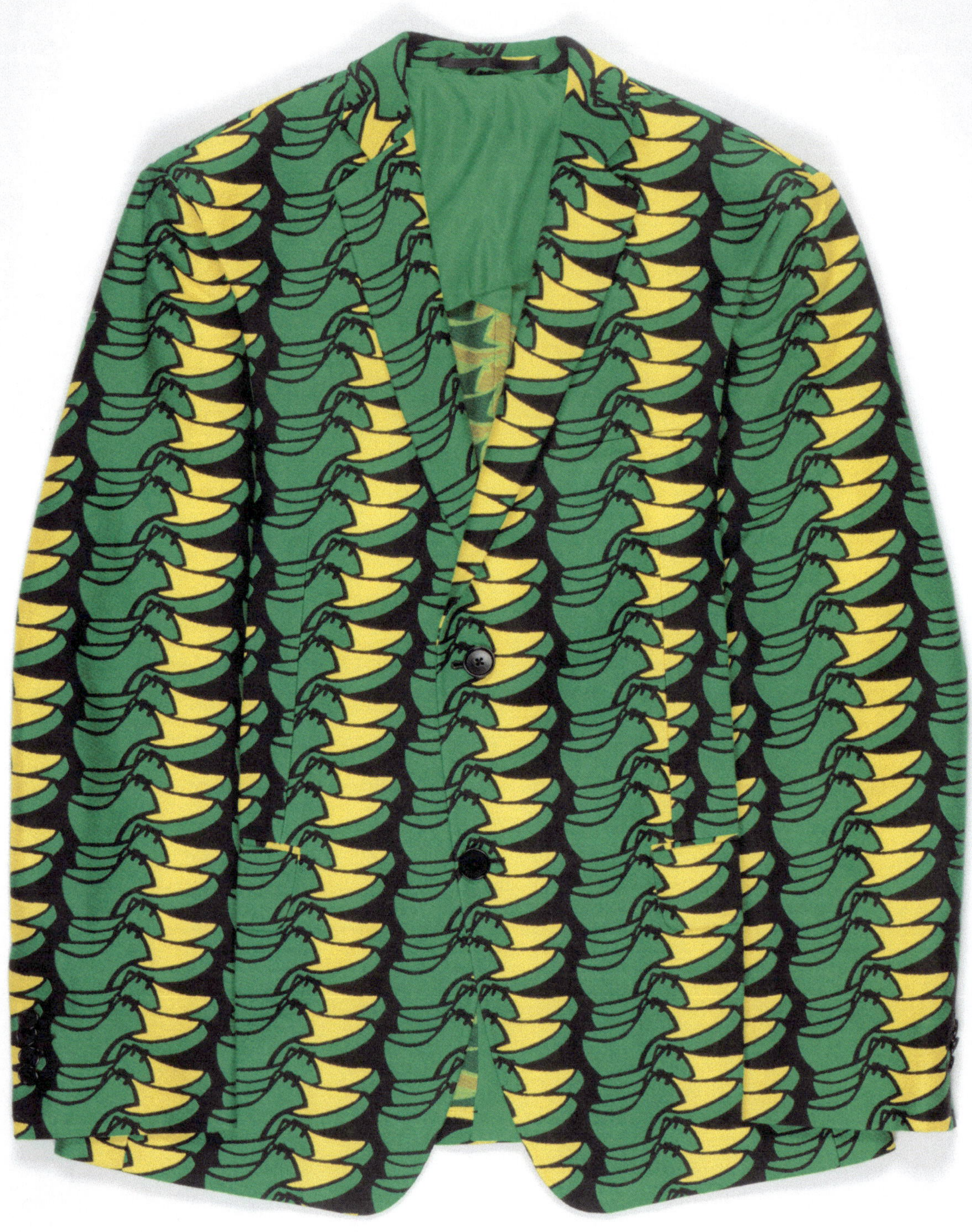

Thomas Bayrle by Clemens en August, Anzug (Jacke), 1967/1999; Baumwolle, gewebt, 2-teilig; Foto: MAK/Branislav Djordjevic
Thomas Bayrle by Clemens en August, Suit (Jacket), 1967/1999; Cotton, woven, 2-piece; Photo: MAK/Branislav Djordjevic
Courtesy Galerie Francesca Pia, Zürich Zurich

völlig anderem ermächtigen können. Gemeint ist die Nutzung digitaler Technologien, speziell von Robotern und künstlicher Intelligenz, um unsere Zivilisation neu zu gestalten und damit die Digitale Moderne, in der wir leben, auf eine neue humane Qualitätsstufe zu heben. Hinweise, worin dieser alternative Weg bestehen könnte, lassen sich bei Bayrle genügend finden; als Beispiel sei seine Wertschätzung handwerklicher Qualität angeführt.

Wenn Bayrle sich gerne einen „Musterzeichner" nennt (so auch der Titel dieser Publikation), schwingt darin nicht nur das Potenzial seines angewandten Könnens mit, sondern auch Anspruch und Lust des freien Künstlers, die üblicherweise scharf gezogenen Grenzen zwischen bildender und angewandter Kunst zu ignorieren und aufzulösen. Da es Bayrle immer um das große Ganze geht, wäre das Setzen solcher Grenzen anmaßend und kontraproduktiv. Vor diesem Hintergrund wird deutlich, warum das MAK eine ideale Spielwiese für diese Strategie Bayrles ist, erprobt es doch seit Jahrzehnten die Möglichkeiten für künstlerisches Arbeiten im Spannungsverhältnis bildender und angewandter Kunst. In diesem Sinn ist Bayrle auch ein Musterwegweiser, der mit der Überzeugungskraft von Kunst den großen Bogen unserer Existenz spannt.

Christoph Thun-Hohenstein
Generaldirektor, MAK

Holistic Art as a Seismograph
of Digital Modernity

Contemporary fine art is often credited with the role of critically reflecting the present, of being a seismograph of human civilization. Of course, it rarely succeeds in living up to this great task: in keeping with the motto "To every age its art," it consciously aims to be an expression of its time, and because of this it risks serving no other purpose than this aspiration and ultimately appearing too labored. However, when art completely devotes itself to the premise "To every art its freedom," it in turn runs the risk of being too intangible, too abstract, and hence of developing hardly any informative value as artistic commentary on its age. Only a few artists achieve the feat of both being timelessly relevant and at the same time fully committed to their era.

Thomas Bayrle is a wonderful example of just such an artist. In over five decades of artistic activity, he has developed an oeuvre whose artistic depths are captivating, yet whose serial techniques and bold ornamentation are easily accessible. As a trained weaver, he has the good fortune of having always appreciated the quality of craft. He has had the privilege of working in a country whose reconstruction after the Second World War started with an almost unparalleled success story of eco-social market economy. The ambivalence of artistic existence between fascination with the German economic miracle, its globally admired machines and attractive worlds of consumption on the one hand, and horror at terrorism as well as at the ecological and sociopolitical drawbacks of a mass consumption society on the other amounted to a huge challenge not only for Bayrle, but also for many other artists in Germany. However, where Bayrle differs greatly from his colleagues is in his interest in technological progress and his preoccupation with belief in Christian-Jewish dialogue. In my opinion, it is the systematic coupling of these two fundamental aspects that is key to understanding Bayrle's work and his special relevance in our digital age.

Bayrle is no Catholic. To him, "being Catholic" is "like a continually operational machine—a constant flow of energy, as if it were electric," which he finds particularly conspicuous in praying the rosary, for example. At the same time, the artist values the quality of meditation as a counterbalance to today's utterly consumerist and advertising-based society. The more comprehensive meditation becomes, the more likely that ways will emerge to overcome today's mass consumption. The word "Catholic" comes from the Greek καθολικός (*katholikós*), "concerning everything, universal," from κατά (*katá*) "according to" and ὅλος (*hólos*) "whole"; hence the word contains a holistic claim. If I interpret Bayrle correctly, his main concern is that we should not allow ourselves to be overwhelmed by mass consumption, despite the attractiveness of its goods (and their advertising), but rather maintain an eye for the whole, the fundamental. As appealing, as blinding as serial mass production may be, we must maintain the ability to identify and meditatively internalize the bigger picture.

As an astute, sensory observer of the transition from the third to the fourth Industrial Revolution, Thomas Bayrle makes us aware that we have reached a crossroad: Either we will succumb entirely to the stimuli of the digital flood and its paternalism, and automate our lives. Or we will recognize that these technologies can also empower us to do something entirely different. In other words, we can use digital technologies, especially robots and artificial intelligence, to redesign our civilization and hence raise the quality of the Digital Modernity in which we live to a new, humane level. Hints as to how to achieve this alternative path can be found aplenty in Bayrle's work—his appreciation of artisanal quality, to name but one example.

The fact that Bayrle likes to call himself a "pattern designer" (as in the title of this publication) reveals not only the potential of his applied skills, but also the independent artist's aspiration and inclination to ignore and dissolve the often sharply drawn boundaries between fine and applied art. As Bayrle is always interested in the bigger picture, setting such boundaries would be overbearing and counterproductive. Against this background, it becomes clear why the MAK is an ideal playground for Bayrle's strategy: after all, this museum has been testing the possibilities for artistic work between the poles of fine and applied art for decades. In this sense, Bayrle is also a model pathfinder who traverses the gamut of our existence with the persuasive power of art.

Christoph Thun-Hohenstein
General Director, MAK

Nicolaus Schafhausen, Bärbel Vischer

Meisterzeichner

Die Generation von Thomas Bayrle, der 1937 in Berlin geboren wurde und seit 1950 in Frankfurt am Main lebt, ist unmittelbar der Propaganda, dem Terror und den Folgen des Nationalsozialismus ausgesetzt. Das westdeutsche Wirtschaftswunder nach dem Zweiten Weltkrieg verspricht eine neue Zeit. Die Fabrik ist öffentlich, die Produktion ist für jeden sichtbar, Arbeitsschritte werden als Werbung für Film und Fernsehen eingespielt, im Handel sind Pyramiden aus Waren aufgebaut. Bayrle fordert den Dialog heraus, er untersucht Mechanismen der Sprache, des Bildes, des Alltagsobjekts. Im Spiegel der Geschichte wird seine Auseinandersetzung mit der Formation von Kommunikation, Produktion und Gesellschaft in ökonomischen und politischen Systemen transparent.

Die MAK-Ausstellung *THOMAS BAYRLE. Wenn etwas zu lang ist – mach es länger*, benannt nach einem Zitat des Architekten Eero Saarinen (1910–1961), entwickelt eine Erzählung zur Interaktion zwischen Kommunikationsdesign, Individuum und Gesellschaft, die sich in Passagen und Querverbindungen durch das Museum zieht. Die MAK-Sammlung mit Objekten, die die konzeptuelle Vorbildersammlung der 1863 als k. k. Österreichisches Museum für Kunst und Industrie gegründeten Institution prägen, wird zur Projektionsfläche für Bayrles Interpretation von „Social Fabric".

Ökonomie als gesellschaftliche und politische Ordnung stellt Bayrle in grafischen Arbeiten zur Diskussion. Minimale Verschiebungen durchziehen die Raster von Börsenberichten, Kreditpapieren, Eurocheque-Vorlagen oder Sparbüchern. Angeregt durch Propagandamaterial, setzt sich Bayrle mit dem kommunistischen China zur Zeit des Diktators und Kulturrevolutionärs Mao Zedong (1893–1976) auseinander, der Wissenschaftler in die landwirtschaftliche Produktion einbindet. Dieses Bild des modernen China wird international medial vermittelt. In frühen Montagen entwirft Bayrle das Muster erstmals seriell als Bild und entschlüsselt Kommunikationsmodule in Alltagsobjekten. Via Ausstellungen und Happenings überträgt er das Ornament als Code in die Mode- und Konsumwelt.

Inspiration für seinen Dialog mit dem Ornament findet Bayrle unter anderem in den Schriften des Soziologen Siegfried Kracauer (1889–1966) aus dem Umfeld der Frankfurter Schule. In seinem Text „Das Ornament der Masse" aus der gleichnamigen Sammlung von Essays (1920–1931) vergleicht Kracauer das Ornament mit Flugbildern von Städten. Die Masse skizziert er als Träger der Ornamente, die sich durch Gemeinschaft bilden, während das Massenornament die Gegenwart und den kapitalistischen Produktionsprozess widerspiegelt. Der Mensch als Massenteilchen kann Körper zeichnen, Tabellen bestimmen oder Maschinen bedienen – Perspektiven, die Bayrle faszinieren. Mit der Politikwissenschaftlerin und Philosophin Hannah Arendt (1906–1975) verbindet ihn die Frage nach der Konstruktion des „Massenmenschen" und politischer Systeme.

Beeinflusst von der Op-Art (Victor Vasarely, 1906–1997) und Pop-Art (Andy Warhol, 1928–1987), verknüpft Bayrle als einer der Ersten traditionelle handwerkliche Techniken und computergenerierte Kunst des digitalen Zeitalters. Eine enge Künstlerfreundschaft pflegt er mit dem Konzeptkünstler Peter Roehr (1944–1968): Das Frankfurter Trio mit Charlotte Posenenske (1930–1985) interessiert sich für die Geometrie, das Serielle, die Massenproduktion und die

Industriegesellschaft. Als Professor an der Städelschule (1975–2007) in Frankfurt am Main und als Mentor inspiriert Bayrle KünstlerInnen wie Tobias Rehberger, Sergej Jensen, Silke Wagner, Michael Riedel oder Oliver Laric.

Metaphern des Färbens, Webens und Programmierens zeigen die Ambivalenz von Kunst, Handwerk, Industrie und lassen kaleidoskopartige Formen – Ornamente der Masse – entstehen. Auf politische, industrielle sowie kulturelle Ikonen beziehen sich Bayrles „Superformen" wie Jesus, Mao, die Autobahn, das Smartphone oder die Tasse und fungieren als Spiegel unseres Alltags. Mit einem Szenenbild nach einem japanischen Shunga von Nishikawa Sukenobu (Entwurf um 1720) aus der MAK-Sammlung Asien setzt Bayrle eine „Superform" aus iPhones in das Zentrum des Museums und der Ausstellung. Architektur und Kulisse, digitale, analoge und rituelle Räume sind verzahnt.

Parallel zu einer aktuellen Arbeit für die Hartmannswillerkopf-Gedenkstätte im Elsass für dort gefallene Soldaten des Ersten Weltkriegs entwickelte Bayrle eine Wiener Tapisserie nach Michelangelo (1475–1564). Die Bildfläche der in Blau getauchten, von Hand geknüpften Pietà zeichnet Bayrle aus Smartphones – Ornament, Symbol, Apparat und Schmuck zugleich. Eine Galerie aus Pietà-Studien nimmt die Stimmungen historischer und aktueller politischer Ereignisse auf. Für die Produktion der Tapisserie experimentierte Bayrle mit Textil als Medium und kooperierte mit einem Webkollektiv aus Aubusson im Limousin (Frankreich), wo das Weben in Kollektiven seit sechs Jahrhunderten das Handwerk mit Nahtstellen europäischer Geschichte verbindet. Weben als Konzept zeigt sich in Bayrles Variationen des Pinsels und des Stempels – bildhaften und skulpturalen Geflechten aus Pappkarton und analogen Photoshop-Arbeiten, die Reproduktionsprozesse aufzeigen. Der Apparat der Kamera fungiert als Missing Link zum Smartphone. Dieses „Organigramm" bzw. Schaubild künstlerischer Produktion verweist auf Gottfried Sempers (1803–1879) Theorien zur praktischen Ästhetik.

Lochkarten wurden entwickelt, um Abläufe nach einem Muster automatisch zu wiederholen. Der Jacquard-Webstuhl ist eine Maschine, die mit gelochten Karten aus Karton gesteuert wird. Das System wurde zum Vorbild der ersten Computerprogramme, mit denen – wie beim Weben mit der Maschine – jedes Muster kreiert werden kann. Bayrles Collagen nehmen den Entwurfsprozess digitaler Bildprogramme vorweg. Die Elemente des Bildes werden von Bayrle aufgeschlüsselt, in mehreren Schritten verarbeitet und liefern die Vorlagen für den Druck. Das omnipräsente Motiv der Autobahn verdichtet Bayrle zum Geflecht politischer Agenden. Beim Besuch einer Kantine des Automobilherstellers Opel wird er auf Plastiktassen aufmerksam – industriell in Massen produziert und konsumiert. Daraus entsteht Skulptur.

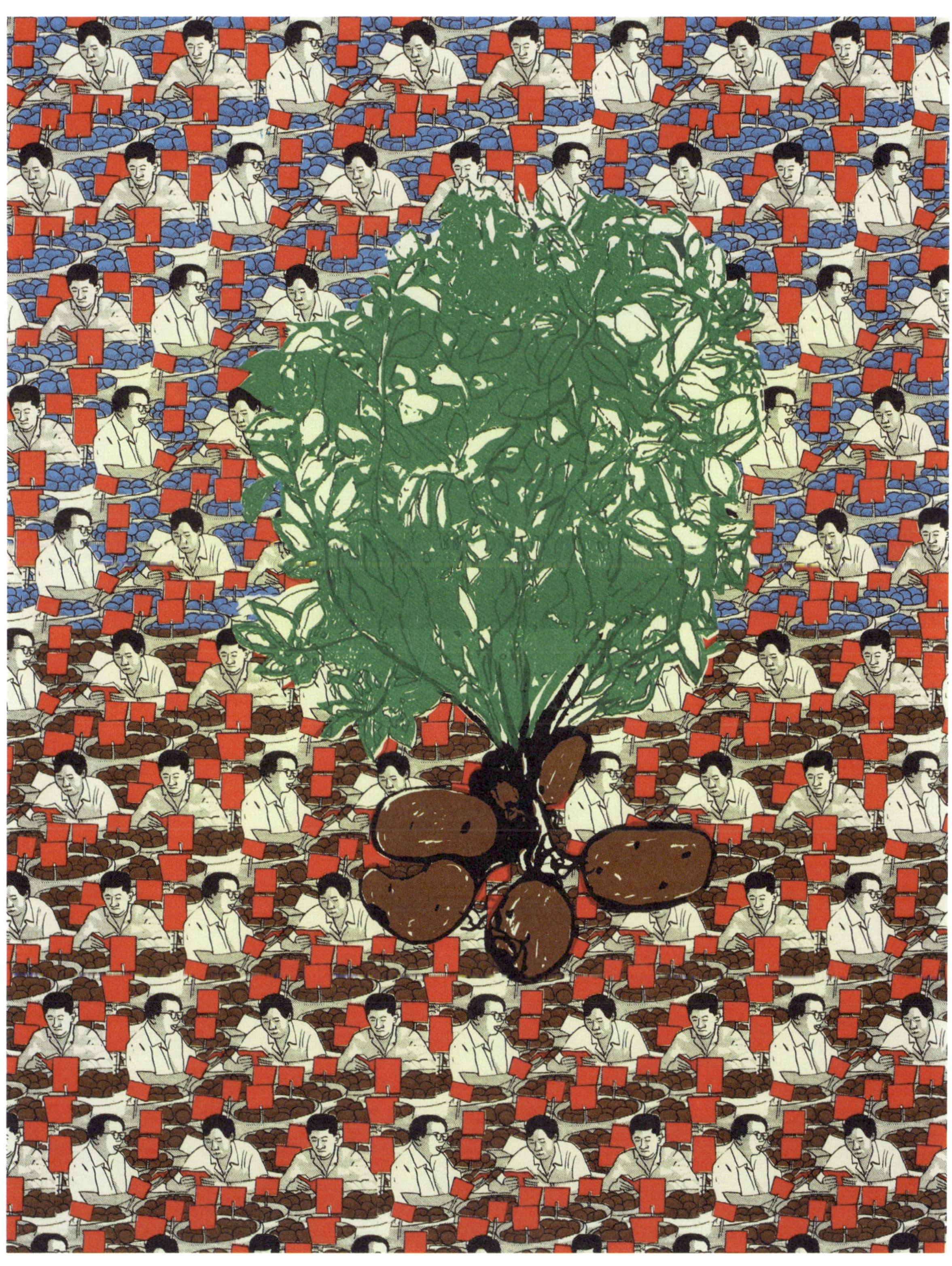

Kartoffelzähler, Variation mit Pflanze, 1968; Siebdruck auf farbigem Papier; Foto: Thomas Bayrle
Potato Counters, Variation with plant, 1968; Silk screen on colored paper; Photo: Thomas Bayrle
Courtesy of the artist

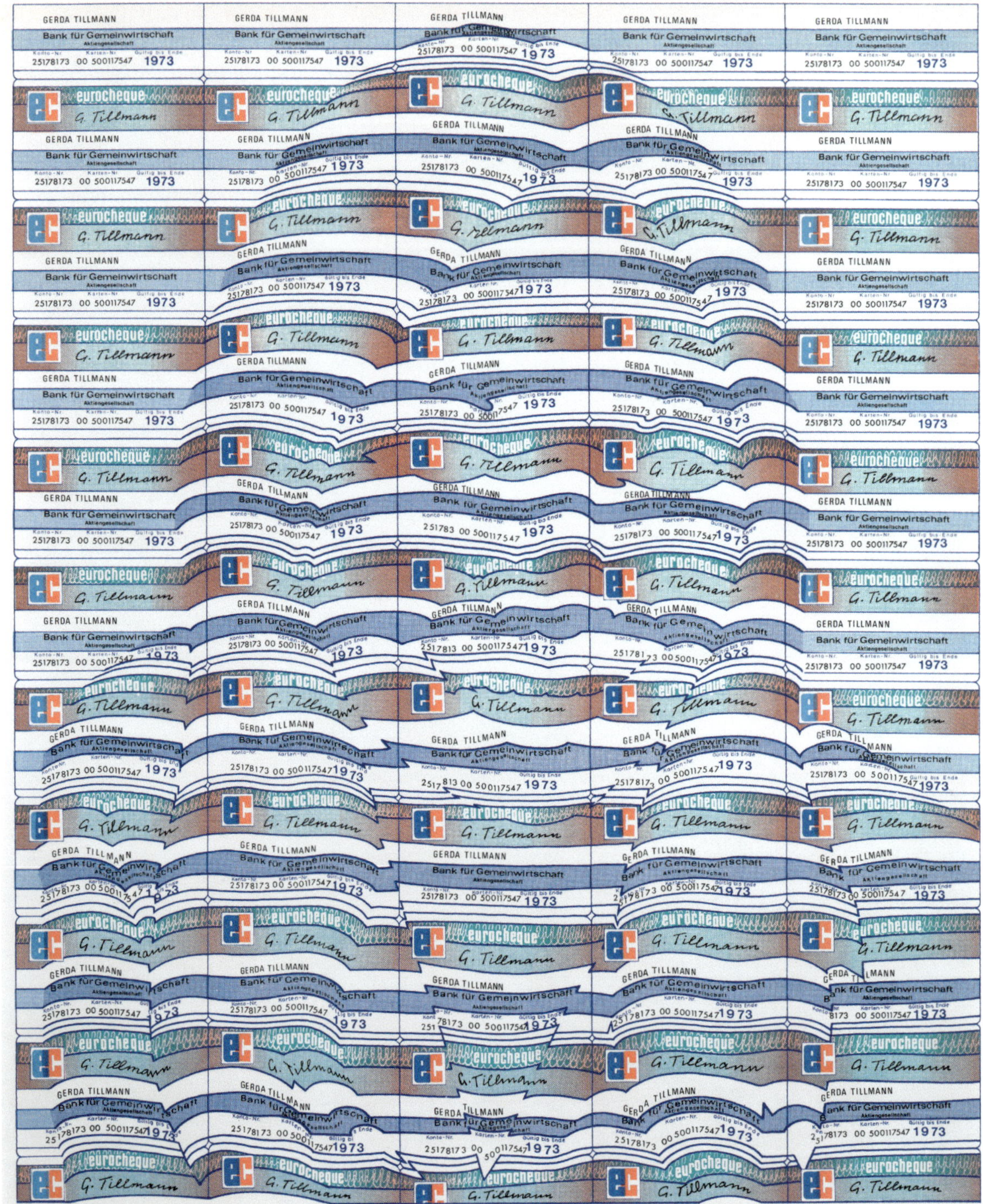

Eurocheque, 1973; Siebdruck aus der Mappe *Börsenbericht*, 1972/73; Foto: Wolfgang Günzel
[Eurocheque], 1973; Silk screen on paper from the portfolio [Stock Exchange Report], 1972/73; Photo: Wolfgang Günzel
Courtesy of the artist

Nicolaus Schafhausen, Bärbel Vischer

Master Illustrator

The generation of Thomas Bayrle, who was born in Berlin in 1937 and has lived in Frankfurt am Main since 1950, comes face to face with the propaganda, the terror, and the consequences of National Socialism. The West German *Wirtschaftswunder* [economic miracle] after the Second World War heralds a new era: factories are in public hands, production is visible to all, work steps are recorded as advertising for film and television, pyramids of wares are stacked up in stores. Bayrle challenges this dialogue; he investigates mechanisms of language, of image, of everyday objects. His exploration of how communication, production, and society are formed in economic and political systems becomes transparent when viewed through the mirror of history.

The MAK Exhibition *THOMAS BAYRLE: If It's Too Long—Make It Longer*, named after a quote by the architect Eero Saarinen (1910–1961), develops a narrative around the interaction between communication design, the individual, and society, drawing visitors through the museum with passages and interconnections. The MAK Collection—featuring objects from the conceptual collection of exemplars established by the institution that was founded in 1863 as the Imperial Royal Austrian Museum of Art and Industry—becomes the projection surface for Bayrle's interpretation of "social fabric."

With its role in defining the social and political order, the economy is put forward for discussion by Bayrle in his works on paper. Minimal shifts permeate the web of stock exchange reports, credit documents, Eurocheck templates, and savings books. Inspired by propaganda material, Bayrle explores communist China at the time of the dictator and instigator of the Cultural Revolution Mao Zedong (1893–1976), who involves scientists in agricultural production; this image of modern China is internationally transmitted by the media. It is in early montages that Bayrle first designs patterns serially as an image and decodes modules of communication in everyday objects. Via exhibitions and happenings, he transfers the ornament as a code into the world of fashion and consumption.

Bayrle finds inspiration for his dialogue with the ornament in the writings of, among others, the sociologist Siegfried Kracauer (1889–1966) from the milieu of the Frankfurt School. In his text "The Mass Ornament" from the collection of essays of the same name (1920–1931), Kracauer compares the ornament with aerial photographs of cities. He draws the masses as the supporters of the ornaments, themselves formed by community, whereas the mass ornament reflects our present age and the capitalist production process. As mass particles, humans can draw bodies, define tables, or operate machines—perspectives that also cast a spell over Bayrle. His questioning of the construct of the "mass man" and political systems links him with the political theorist and philosopher Hannah Arendt (1906–1975).

Influenced by op art (Victor Vasarely, 1906–1997) and pop art (Andy Warhol, 1928–1987), Bayrle is one of the first to connect traditional craft techniques with the computer-generated art of the digital age. He cultivates a close artistic friendship with the concept artist Peter Roehr (1944–1968): the Frankfurt Trio with Charlotte Posenenske (1930–1985) is interested in geometry, the serial, mass production, and industrial society. As a professor at the Städelschule (1975–2007) in Frankfurt am Main and as a mentor, Bayrle inspires artists like Tobias Rehberger, Sergej Jensen, Silke Wagner, Michael Riedel, and Oliver Laric.

Metaphors of dyeing, weaving, and programming expose the ambivalence of art, craft, industry and give rise to kaleidoscopic shapes—mass ornaments. Bayrle's "superforms" reference political, industrial, and cultural icons such as Jesus, Mao, the highway, the smartphone, and the cup, thereby mirroring our everyday lives. With a stage set based on a Japanese shunga by Nishikawa Sukenobu (preliminary study from ca. 1720) from the MAK Asia Collection, Bayrle places a "superform" made of iPhones in the center of both the museum and the exhibition. Architecture and backdrop, the digital, analog, and ritual spaces are interwoven.

Alongside a recent work for the Hartmannswillerkopf memorial site in Alsace for soldiers who fell there during the First World War, Bayrle also developed a Viennese tapestry after Michelangelo (1475–1564). Drenched in blue and knotted by hand, the image area of the pietà is created using smartphones—simultaneously ornament, symbol, apparatus, and adornment. A gallery of pietà studies captures the atmosphere of historical and contemporary political events. To produce the tapestry, Bayrle experimented with textiles as a medium and cooperated with a weaving collective from Aubusson in Limousin (France), where weaving in collectives has connected the craft with the seams of European history for six centuries. Weaving as a concept becomes evident in Bayrle's paintbrush and stamp variations—pictorially and sculpturally intertwining boxboard and analog Photoshop works, which illustrate reproduction processes. The apperatus of the camera functions as a missing link to the smartphone. This "organigram" or schematic of artistic production references Gottfried Semper's (1803–1879) theories of practical aesthetics.

Punch cards were developed to repeat sequences automatically according to a pattern; the Jacquard loom is a machine operated by dotted cardboard cards. This system became the model for the first computer programs with which—like weaving with the machine—any pattern can be generated. Bayrle's collages anticipate the design process of such digital imaging programs: the elements of the image are broken down, processed in several steps, and provide the templates for print. Furthermore, he condenses the omnipresent subject of the highway into a mesh of political agendas. When visiting a canteen of the automobile manufacturer Opel, plastic cups—produced and consumed industrially by the masses—catch his eye. The result: sculpture.

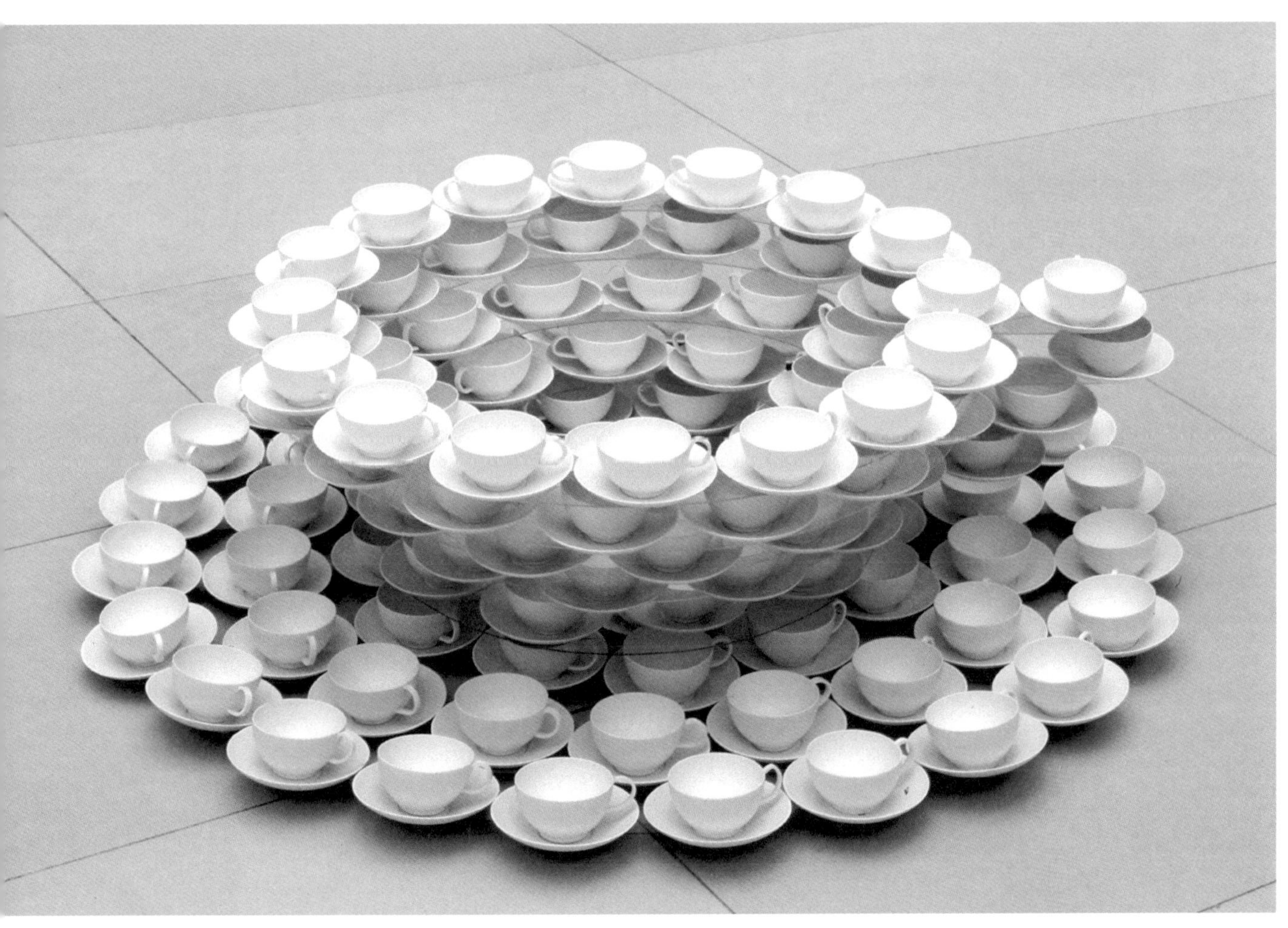

Tassentasse, 1969, Plastik, Acrylglas, Foto: Rudolf Nagel
Cup of Cups], 1969; Plastic, acrylic glass; Photo: Rudolf Nagel
MMK Museum für Moderne Kunst, Frankfurt am Main

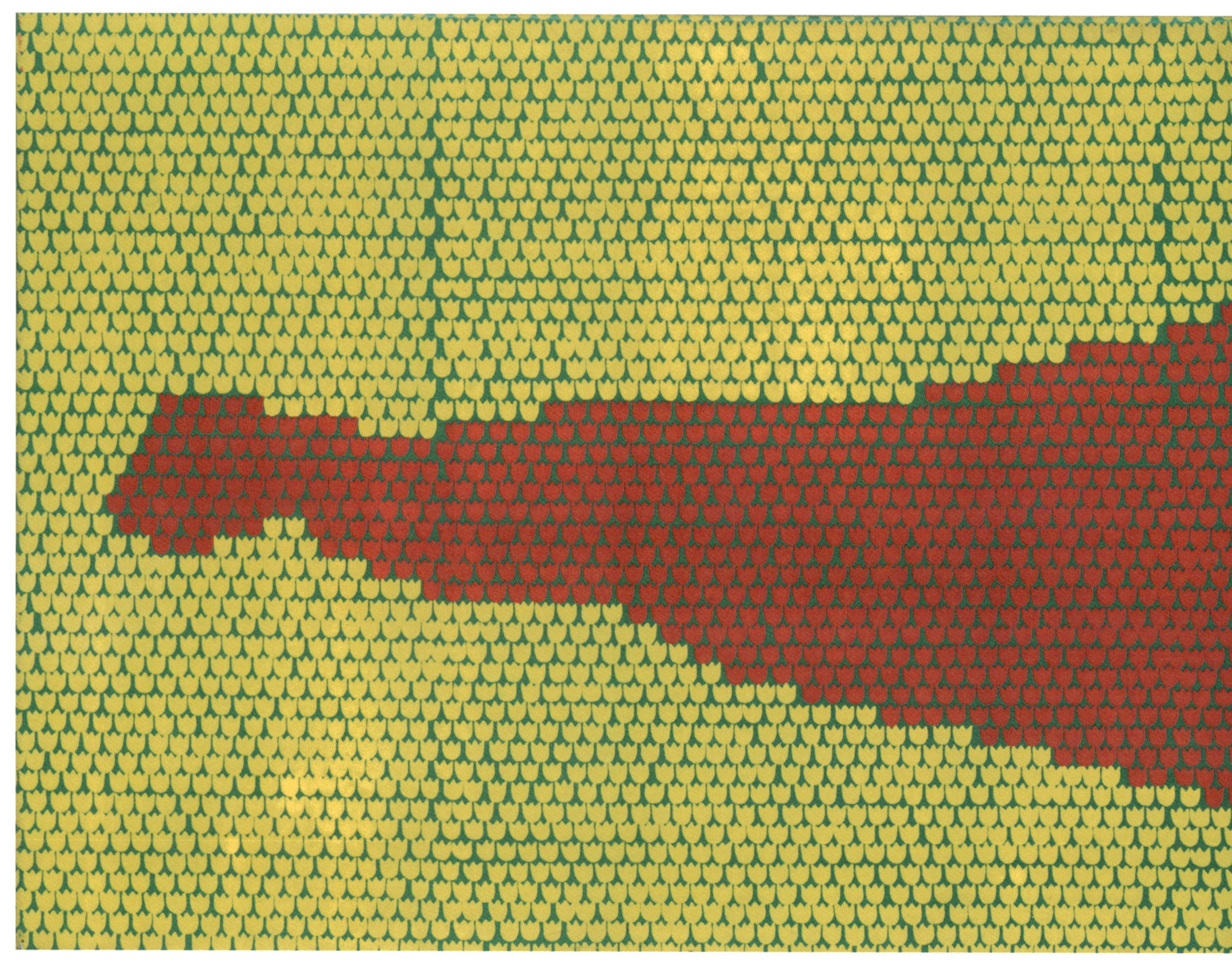

Tulpenfrau, 1967; Siebdruck auf Plastik; Foto: Jens Ziehe
[Tulip Lady], 1967; Silk screen on plastic; Photo: Jens Ziehe
Privatsammlung Private collection

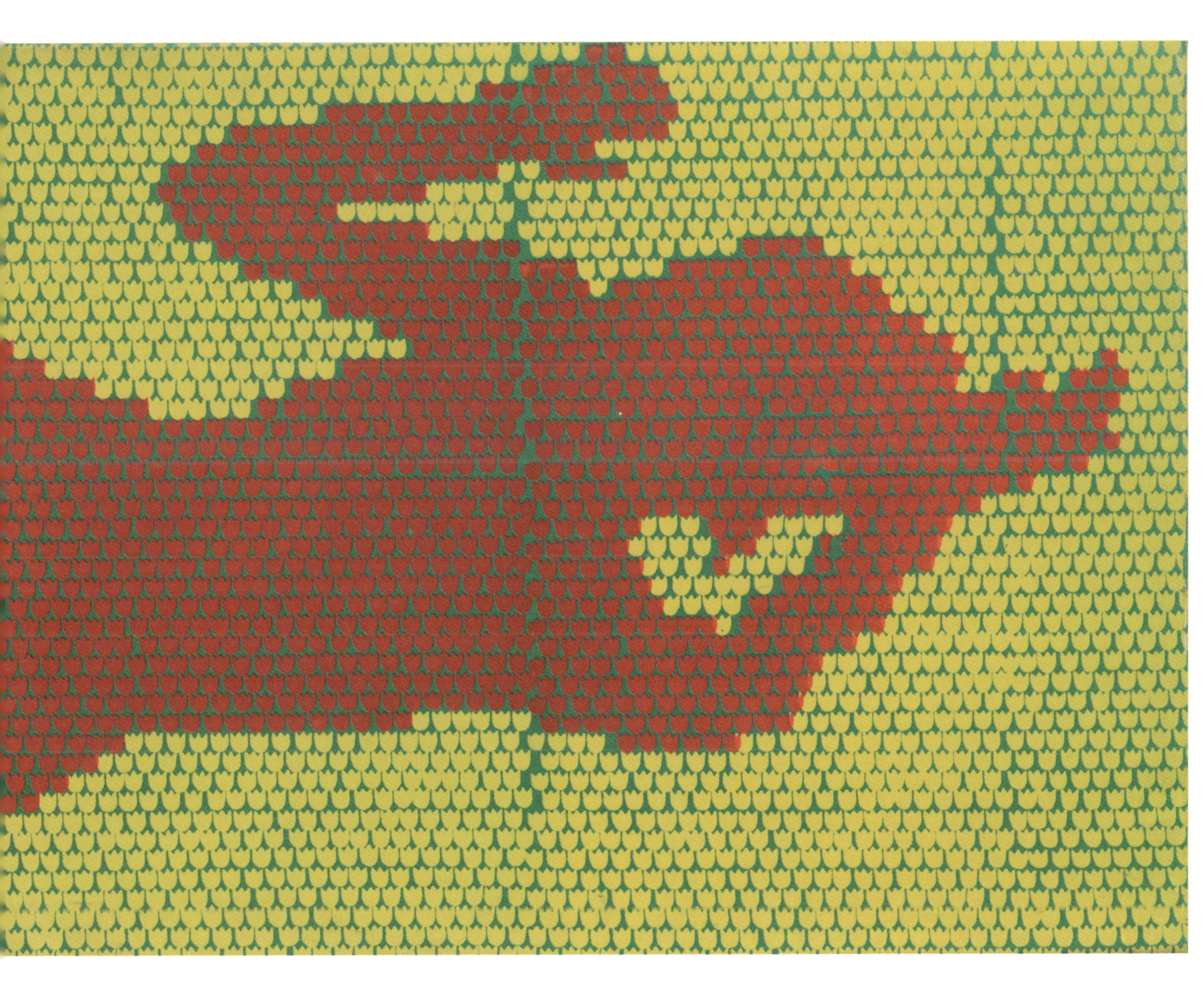

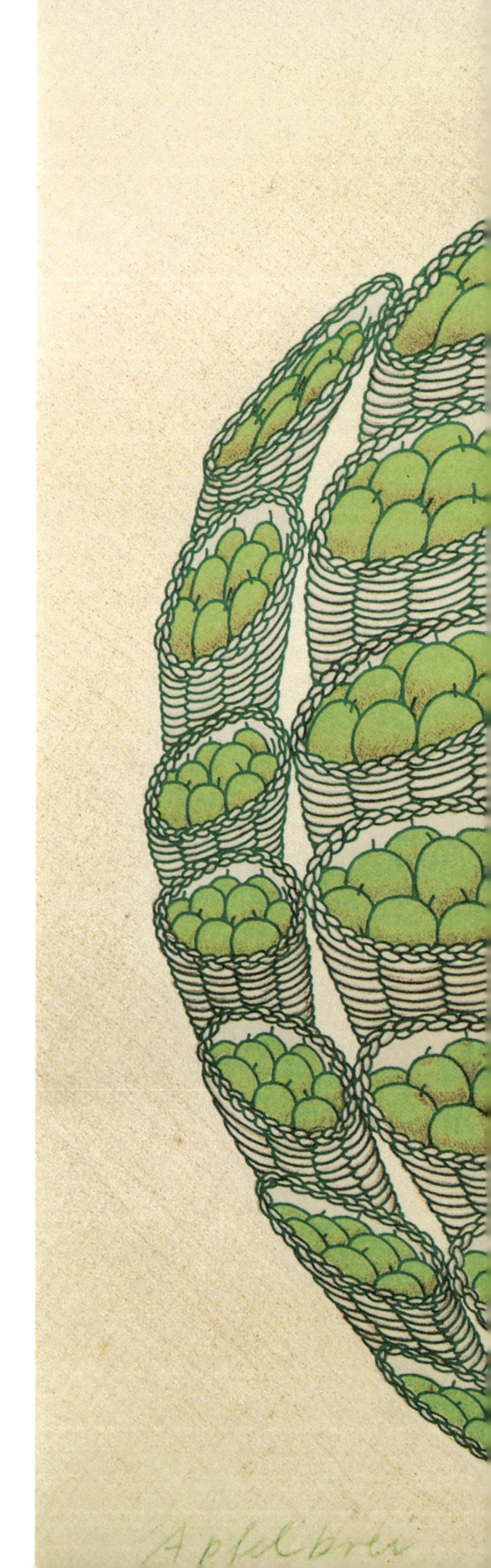

Apfelbrei, 1973; Lithografie auf Papier; Foto: Wolfgang Günzel
Applesauce, 1973; Lithograph on paper; Photo: Wolfgang Günzel
Courtesy of the artist

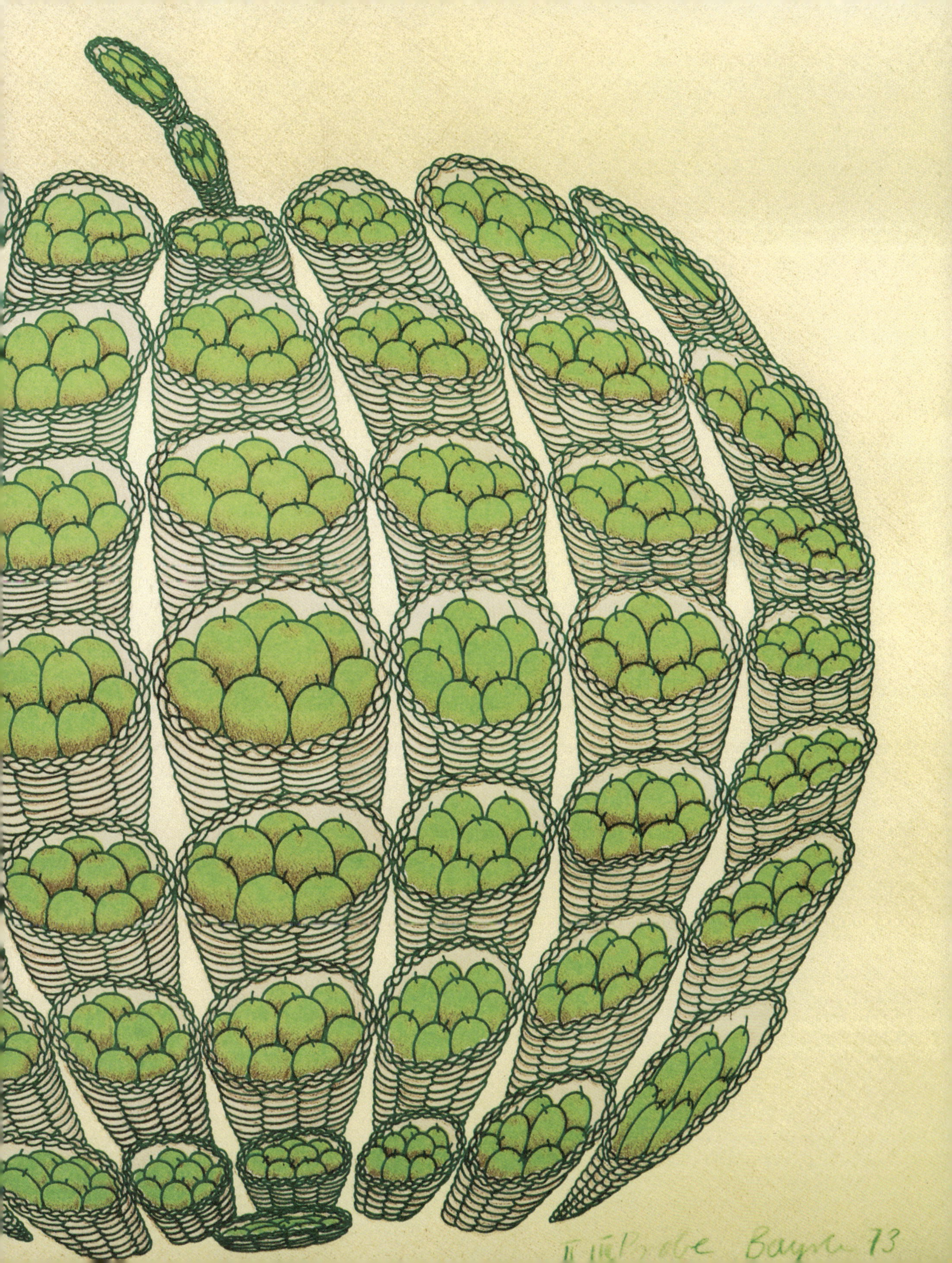
Probe Bayer 73

Nicolaus Schafhausen im Gespräch mit Thomas Bayrle

„Es ist ein absoluter Wahnsinn, dass man überhaupt lebt"

Ein Interview mit Thomas Bayrle zu führen, bedeutet immer auch, einen alternativen Blick auf die Kunstgeschichte seit den 1960er Jahren zu werfen. Bayrles Leben ist geprägt von den großen politischen Bewegungen der westdeutschen Nachkriegsmoderne. In seiner Kunst spiegelt sich Gesellschaft ebenso wie Ideologie.

Thomas Bayrle lebt mit seiner Frau, der Künstlerin Helke Bayrle, in einem erst vor wenigen Jahren von der Frankfurter Architektin Marie-Theres Deutsch entworfenen modernistischen Haus in der Frankfurter Paradiesgasse. Hier habe ich im Laufe des Frühjahrs und Sommers 2017 gemeinsam mit Bärbel Vischer viel Zeit am Küchentisch verbracht und hier haben wir uns auch über die kanonischen Kategorien seiner Arbeit, seine Loyalität gegenüber den nicht immer „geschmeidigen" Entwicklungen unseres zeitgenössischen Lebens und über die Konsequenzen seiner Obsessionen unterhalten.

Nicolaus Schafhausen (NS): Du arbeitest mittlerweile lange als Künstler, und das innerhalb sehr unterschiedlicher politischer Gesellschaftsmodelle. Als Künstler reagiert man auf Kontext, ist nicht losgelöst von dem, was außen herum passiert. Was hat sich für dich über die Jahrzehnte verändert – sowohl persönlich als auch im Hinblick auf deine Arbeiten?

Thomas Bayrle (TB): Es hat sich eigentlich kaum etwas verändert. Einiges hat sich verschärft. Mitte der 1960er Jahre war ich natürlich von Massenbewegungen und Massenproduktion fasziniert. Die kapitalistische Massenproduktion zum Beispiel hat den Ersten Weltkrieg erst möglich gemacht. Erstmals wurden Waffen massenhaft an Fließbändern produziert. Und genauso brutal wurde auch der Mensch als organische Ressource massenhaft eingesetzt. Dass in Verdun eine Million Soldaten umgekommen sind, so etwas war bis dato nicht möglich. Ich habe schon damals deutlich gesagt, auch im Gespräch mit Linken, dass ich die „Masse" nicht als plumpe Gleichheit sehe, sondern individuell. Ich konnte es nicht verstehen, dass die chinesische Führung unter Mao, die ich eigentlich bewunderte, die Menschheit als „Volksmasse" betrachtete – ähnlich wie Kartoffeln oder Mehl. Ich habe damals schon deutlich gemacht: Für mich ist jeder einzigartig. Aber mit so einer bürgerlichen Phrase war ich bei durchblickenden Maoisten sofort als reaktionäres Element abgestempelt.

NS: Das ist insofern interessant, weil Künstler oder Künstlerin ja einer der wenigen Berufe ist, bei denen es um das Individuum geht, um den Einzelnen im Dialog mit der Welt. Wenn dich die Linken, mit denen du dich eigentlich identifiziert hast, in diesem Punkt als reaktionär empfunden haben, ist dann Künstlersein nicht per se reaktionär? Also ein reaktionärer Beruf?

TB: Das kann man so sehen. Ich habe aber ohnehin Jahrzehnte gebraucht, um mich als Künstler zu begreifen. Ich habe immer auf der Kippe zum Grafiker, zum Lehrer oder zu etwas anderem gestanden und mich lange nicht als Vollkünstler begreifen können, weil ich Zweifel an mir hatte. Diese Zweifel wollte ich nicht verstecken, sondern habe sie zum Beispiel in der Städelschule fruchtbar gemacht, indem ich bei jedem, mit dem ich geredet habe, auch dessen Zweifel hervorgelockt habe. Außerdem habe ich jedem etwas anderes erzählt. Also nicht immer das Gleiche verkündet. Ich habe versucht, auf die Einzelnen einzugehen und sie nicht als Gruppe zu behandeln.

NS: Was sind für dich die fundamentalen Aspekte in deiner Arbeit?

TB: Einerseits sehe ich, ohne dass ich das jetzt religiös nennen will, die Natur und diese Welt als ein unvorstellbares Geschenk an. Einen unvorstellbaren Schatz, der bis in die winzigsten Insekten und weiter bis in die Zellen und Atome einzigartig ist. Und es ist ein riesiges Glück, dass ich mit dem konfrontiert sein darf. Andererseits sehe ich, wie sich die Menschen behelfen, indem sie sich massenhaft organisieren, massenhaft produzieren, massenhaft verteilen, also Mechanismen entwickelt haben, die aus der Maschinenwelt stammen. Und diese Maschinenwelt interessiert mich genauso. Das Idiotische daran hat auch etwas Großartiges, etwas Meditatives. Wie die dauernden Wiederholungen der Gebetsmühlen in Tibet. Je mehr, je besser – obwohl ich genau weiß, dass es natürlich auch die Antithese gibt: je mehr, je schlechter. Aber ich konnte mich quasi teilen: Ich konnte einerseits diese ganze „man-made" Welt begreifen und auch begeistert sein davon, und andererseits sehen, dass es eine Katastrophe ist, die alles zerstört.

NS: Bedeutet das – wenn ich dich jetzt richtig interpretiere –, dass du spiritueller geworden bist?

TB: Ich bin eigentlich immer spirituell gewesen, aber auf eine diffuse, eher subversive Art. Das wurde stark von Rhythmen bestimmt, eine Art Sound-Mäander – ein Gemisch aus Rhythmen, Gesängen, Maschinen – in immer gleichen Wiederholungen ... wie so ein inneres Radio ... Ich mochte das nicht rausbringen in einer Zeit, wo einem jeder gleich den Vogel gezeigt hat. Ich habe ja in den 1960ern viele Verbindungen mit den Linken gehabt, und die hätten absolut kein Verständnis gehabt, wenn ich etwas in dieser Art geäußert hätte. So eine Ebene war einfach nicht drin.

NS: Was mir an dir und deiner Frau Helke immer auffällt: Ihr wirkt glücklich. Liegt es daran, dass der Beruf Künstler ja auch ein wunderbares Geschenk ist? Weil man versucht, die Welt zu verstehen? Und während sie immer komplexer wird, geht es in der Kunst darum, diese Komplexität irgendwie zu entschlüsseln. Die Welt, die uns umgibt, auseinanderzunehmen – und sie danach wieder zusammenzusetzen.

TB: Ich habe das eigentlich früher ganz pragmatisch gesehen. Wie Eero Saarinen: „Wenn etwas zu lang ist, mach' es länger." Ich war kein Architekt, also habe ich einfach gesagt: Wenn's zu groß ist, teile es auf in kleinere Teile. Und wenn die noch zu komplex sind, teil' sie nochmal auf, in noch kleinere Teile. Das führte erstens dazu, dass ich in die Materie, ins Mikroskopische einsteigen konnte. Und zweitens führte es zu einer bewussten Haltung. Dass ich nämlich keine Übersicht haben will – was alle wollen, will ich nicht. Ich habe zum Beispiel irgendwo am Flügel eines Flugzeugs gearbeitet und ans ganze Flugzeug gedacht. Ich wollte meine Arbeiten gar nicht sehen und dadurch strategisch

vorgehen, sondern ich wollte an einem Teil arbeiten und an den anderen denken. Das bedeutet, ich konnte nicht nur aufteilen, sondern auch Maßstäbe ins Kleine schrumpfen. Oder ins Riesige zoomen. Also nicht eine einzige Perspektive, sondern ständige Bewegung. Und damit immer auch Anschluss an den Körper, ans Atmen oder ans Ventilieren oder auch ans Aufnehmen der Welt. Ich habe mich nicht gezwungen, bei meinen Leisten zu bleiben. Ich schweife auch gerne ab, wenn's angeblich drauf ankommt, sich zu konzentrieren. Ich klebe nicht an einer Tatsache.

NS: Erklärt die Vergangenheit die Zukunft oder die Gegenwart die Vergangenheit?

TB: Das ist eine gute Frage – beides stimmt, es geht rückwärts und vorwärts. Aber ich glaube, die Gegenwart erklärt die Vergangenheit. Es wird zwar oft das Gegenteil behauptet. Dass wir sozusagen aus der Urzeit heraus erklären können, wo wir jetzt sind. Doch das ist reine Utopie, denn wir wissen nicht, was vor 3 000 Jahren war. Wir wissen nicht, was vor 500 Jahren war, ja, wir wissen nicht einmal, was im Dritten Reich in allen Einzelheiten war.

NS: Es gibt viele Künstler, die sagen: Früher war alles besser.

TB: Nein, es war nicht besser.

NS: Wenn du dir anschaust, was andere Künstler früher getan haben und was sie heute tun, was hat sich für dich bei der Beurteilung anderer verändert?

TB: Ich habe eigentlich immer sehr leicht Zugang zum Gegenteil von mir gehabt. Ich mochte immer Künstler, die etwas anderes machen, die die Welt anders sehen. Ich konnte daraus lernen und meinen Stand, meine Möglichkeiten überprüfen. Ich habe nie nur feste Formen gehabt. Die Form war immer schwankend, nach dahin, nach dorthin. Und ich habe einfach auch gute Künstler erlebt. Ich habe total andere Sichtweisen erlebt und sie vielleicht auch ein paar Jahre lang nicht verstanden. Aber ich bin immer darauf eingegangen und habe gedacht, das ist total wichtig, dass du guckst, was gemacht wird.

NS: Ich verstehe dich so, dass deine Arbeit dezidiert immer politisch gewesen ist. Und das war zumindest eine Zeit lang nicht en vogue. Denn es ging um Technik. Oder darum, durch Abstraktion die Welt zu erklären. Aus meiner Sicht unterscheidest du dich damit von den anderen Künstlern deiner Generation – wobei der Generationsbegriff ohnehin schwierig ist.

TB: Wenn mit dem Wort „politisch" nicht Parteien oder Tagespolitik gemeint sind, sondern eine Haltung gegenüber Pflanzen, Tieren, Menschen oder Materialien, dann stimmt das. Es ist wichtig, dass ich eine Verantwortung habe. Ich möchte diese Verantwortung, auch wenn sie peinlich wird, nicht verdecken.

NS: Wie kontrollierst du dich selbst, um nicht die Kontrolle über deine Arbeit zu verlieren?

TB: Ich gehe einfach von jeder Sekunde, von jedem Atemzug aus. Es ist ein absoluter Wahnsinn und ein absolutes Wunder, dass man überhaupt lebt und dass es möglich ist, in dieser Welt zu existieren, wo doch Milliarden von Elementen dauernd geboren werden und sterben. Das ist ein Riesenprivileg und dafür bin ich dankbar. Diese Dankbarkeit ist aber nicht irgendwie devot, sondern sie ist eine Art Ausgangspunkt, etwas zu machen.

NS: Wenn du in die Zukunft schaust: Was kommt? Was passiert mit deiner Arbeit, was passiert mit der Kunst?

TB: Diese ganze Welt wird immer komplexer und immer wahnsinniger in dem Versuch, Widersprüche auszugleichen, die immer mehr wachsen. Die Weltbevölkerung hat sich verdoppelt, verdreifacht, die Ressourcen werden knapper. Das wissen wir, das brauchen wir gar nicht mehr zu erzählen. Ich sehe da keinerlei Schluss, es wird weitergehen, bis ins viel Winzigere und bis ins viel Riesigere auch noch. Die Künstler haben die Aufgabe, genauso wie Wissenschaftler, zu erklären, dass die Räume um uns herum stärker ökonomisch genutzt werden. Denn es ist eine Schande, was mit der Umwelt gemacht wird. Es gibt überhaupt keine Verantwortung mehr. Es schmeißt ja jeder weg, es macht ja jeder Dreck.

NS: Vor Jahrzehnten hat man sich noch nicht so en détail Gedanken gemacht: Was passiert da, wie zerstören wir? Auf einmal wird sich die Menschheit darüber bewusst. Deswegen finde ich Kunst in diesen Zeiten so wichtig. Weil Kunst eine Form von Welterklärung ist – aber eben keine Wissenschaft.

TB: Jedenfalls keine an wirtschaftliche und gesellschaftliche Bedingungen geknüpfte Wissenschaft, die in den Dienst genommen wird. Diese Wissenschaft ist wirklich in keiner beneidenswerten Lage.

NS: Was mir bei den Großausstellungen allerdings ein bisschen gefehlt hat – sowohl bei der documenta in Athen und Kassel als auch bei der Biennale in Venedig –, dass dort nicht über Ökonomie gesprochen wird. Das ist absurd, denn alles ist von Ökonomie abhängig. Und ich meine damit nicht die Ökonomie des Kunstmarktes.

TB: Das ist genau so, wie wenn man nichts essen würde. Die Ökonomie ist der Treibstoff, der das Ganze jeden Tag hochgehen lässt, den globalen Ballon. Der muss ernährt werden und der wird auch durch den größten Schwachsinn ernährt. Das heißt, wir haben es wirklich mit etwas absolut Wahnsinnigem zu tun, auf der einen Seite. Auf der anderen Seite haben wir auch mit Utopie zu tun. Und mit Depression.

NS: Die nächste Frage geht an euch beide, Helke und Thomas: Inwieweit arbeitet ihr zusammen?

TB: Eigentlich haben wir immer zusammengearbeitet, vor allen Dingen in Gesprächen. Wir frühstücken seit 50 Jahren im Bett und jeden Morgen mache ich den Tee und bringe das Tablett ans Bett. Dann sprechen wir über alles Mögliche und das ist wie eine Rezension für den ganzen Tag. Da wird über alles geredet, natürlich auch über Kunst. Es ist wichtig zu wissen, dass Helke schon seit über 30 Jahren selbst Sachen geschaffen hat und dass sie schon 1964 bei Fluxus mitgearbeitet hat. Bei einem großen Wolf-Vostell-Happening 1964 anlässlich des Mauerbaus in der Galerie Dorothea Loehr hat Helke für Bazon Brock und Stanley Brouwn – in einem Kinderbett stehend – Bananen gebügelt und Fliegentexte gelesen.

Helke Bayrle (HB): Und ich bin kritisch, entschuldige, das muss ich schon anfügen.

TB: Ja, Helke ist die kritische Masse.

HB: Ich verhindere Sachen auch manchmal, ich fördere nicht nur.

NS: Quasi als Editorin?

TB: Ja, doch, das ist sie. Und als kritische Masse verhindert sie so manches!

NS: Welche sozialen Gruppen interessieren dich, Thomas?

TB: Das ist schwierig auszuwählen. Das geht nicht nach irgendeinem linken oder rechten Raster. Es geht eigentlich nach dem Leben selbst. Wir waren zum Beispiel stark im „Kinderladengeschäft". 1970 haben wir einen eigenen Kinderladen gegründet und gleichzeitig mit Wolfgang Schmidt und einer Studentengruppe um Linette Schönegge den ersten „Kinderplaneten" geplant und durchgezogen. Das war eine riesige, wilde Veranstaltung auf dem Frankfurter Messegelände, bei

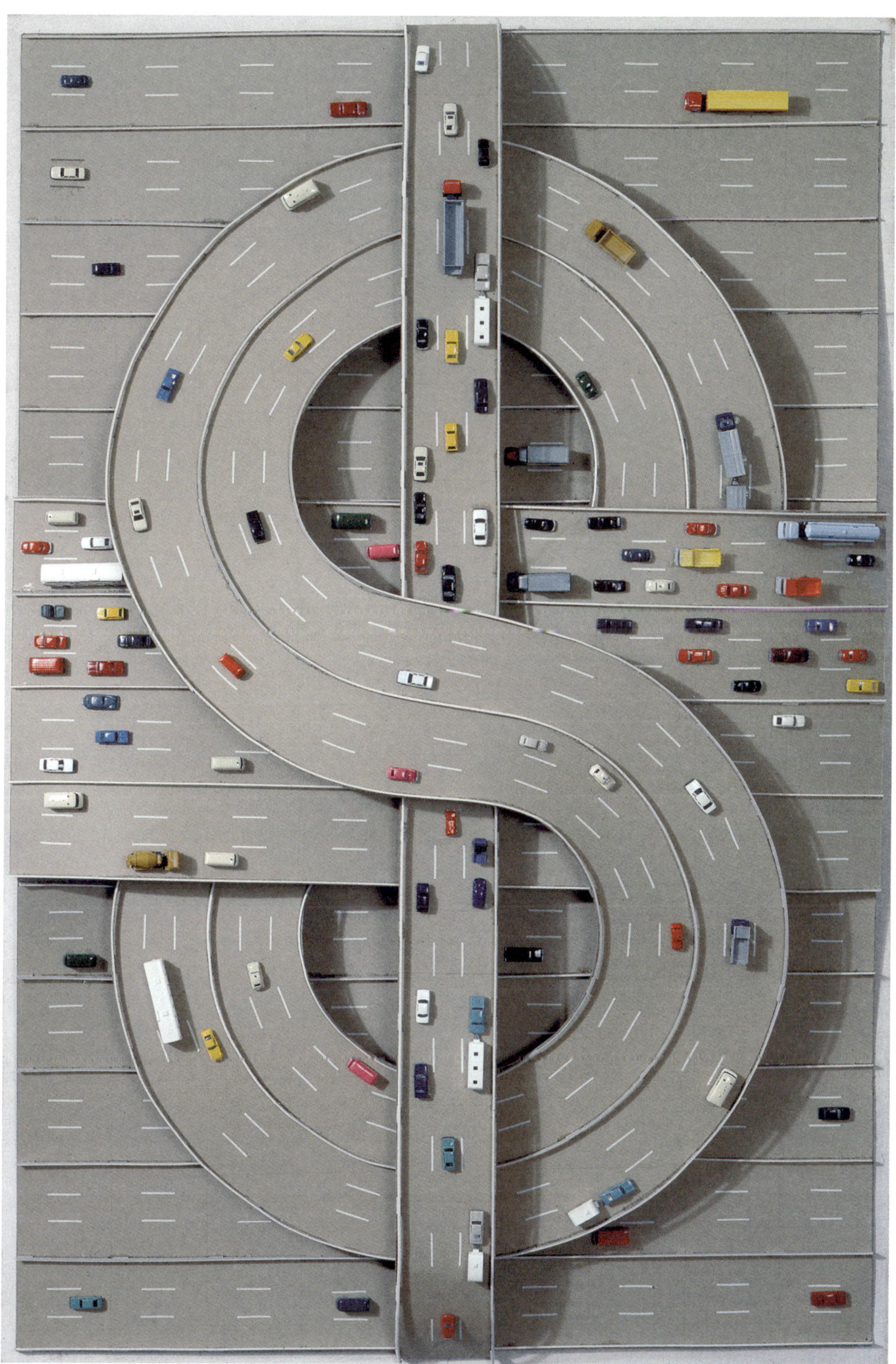

$ (Dollar), 1980; Relief; Karton, Miniaturautos; Foto: Wolfgang Günzel
$ (Dollar), 1980; Relief; Cardboard, miniature cars; Photo: Wolfgang Günzel
Privatsammlung Private collection

der 30 000 Kinder im Zeitraum von sechs Wochen mitgemacht haben. Die Vorbereitung und die Planung für dieses Unternehmen gingen damals noch total aus dem Ärmel heraus. Wir haben gesagt: Für Kinder, die nicht in die Ferien fahren können, was damals noch ein großer Prozentsatz war, machen wir etwas auf dem Messegelände. Es sollte spontan, wild und aufregend sein. Bei den Institutionen sind wir damit offene Türen eingerannt. Die Messe hat mitgemacht, die Amerikaner haben einen echten Hubschrauber zur Verfügung gestellt, Betriebe haben lastwagenweise Material gespendet – Holz, Papier, Stoff, Styropor, Kartoffeln, Rüben, Bananen. Jeden Morgen stürzten sich die Kleinen darauf – und nähten, sägten, kochten, malten, entwickelten, druckten – den ganzen Tag lang. Alle drei Tage erschien eine selbstgemachte Zeitung. All die schönen linken Träume liefen damals fast von selbst, weil das für die Kinder der Adenauer-Zeit neu war. Es ging nicht darum, ständig etwas Gutes zu tun. Es ging darum, es laufen zu lassen. Zehn Jahre später war das alles schon linke Phrase, und aus heutiger Sicht klingt es unglaublich naiv. Der Tourismus hat alles aufgesaugt. Heute würde kaum noch ein Mensch kommen.

NS: Du sprichst genau von meiner Sozialisation als Kind. Vielleicht einer der Gründe, warum ich im Kunstsystem arbeite. Ich bin ja ein Kind der Sozialdemokratie ...

TB: ... ich auch ...

NS: ... ich war auf Gesamtschulen, im Kinderladen, bin also mit pädagogischen Modellen aufgewachsen, die heute verpönt sind. Ist es ein Problem, dass die traditionelle europäische Sozialdemokratie sich in den vergangenen Jahrzehnten den neoliberalen Paradigmen angepasst hat?

TB: Es ist ein Problem. Sie musste sich allerdings auch anpassen, einfach weil das System des Kapitalismus im digitalen Zeitalter – ich kann die Begriffe selber nicht mehr hören! – wie ein neues Fleckfieber ist. Alles ist weichgespült, aufgeweicht.

NS: Inwieweit ist Kunst machen heute, 2017, Ausdruck von Freiheit?

TB: Ich sehe das in dem Sinn nicht mehr als das, was es mal war. Es ist sogar umgekehrt, Kunst machen ist heute eine ziemlich eingrenzende Verantwortung. Was erlaube ich mir und was nicht. Und in diesem Sinne ist es eigentlich keine Freiheit, sondern es ist eine Strenge gegenüber mir selbst. Was ich rauslasse und was ich nicht rauslasse. Was mich interessiert, ist klar, aber jetzt, in diesem allgemeinen Shoppingfreiheitsgefühl,

sehe ich häufig gar nichts mehr. Dazu zitiere ich einen Satz, den ich 1984 in einem Text geschrieben habe: „Ich fühle mich ganz als Fettzelle, gemütlich eingezwängt ins Fett der Sau, auf der wir alle leben ...“

NS: Die Probleme, vor denen wir heute stehen, sind so komplex wie noch nie. Brauchen wir eine neue kulturelle Revolution?

TB: Vielleicht brauchen wir eine! Aber ich muss in erster Linie auf mich selbst schauen und mich anders in dieses „Sein, das das Bewusstsein schafft“ einbauen. Äußerlich betrachtet, geht es einfach nur noch von einem Kunstmarkt zum nächsten ... Aber was hat das mit mir zu tun? Trotz dieser Gesellschaftsdepression fühle ich mich in der Lage, vorprogrammierte Verhältnisse langsam zu unterlaufen und wie Kette und Schuss mein Gewebe zu ändern. Unmerklich rötlicher, gelblicher, grünlicher zu werden. Wenn du als Künstler noch fühlst, schwimmst du zwar mit – musst dich aber gleichzeitig aus diesem Zweck-Kokon herauskatapultieren. Ich will dann in der Masse alleine sein, einfach an irgendeinem blöden Ort. Das hat mit Leben und Tod zu tun, mit dieser großartigen Existenz, diesem unvorstellbar komplexen Körper und damit, dass man eine Zeit lang auf dieser Erde lebt. Es klingt altmodisch, aber es ist so: Diese Existenzfrage muss du dir selbst stellen. Und ich habe schon noch den überholten Ehrgeiz, dass meine Arbeit auch nach meinem Tod noch interessant ist.

NS: Welche Rolle hat Kunst in unserer Gesellschaft?

TB: Unser Kunstbegriff ist etwas sehr Altes, da steckt eine Ganzheitlichkeit drin. Aber das wird aktuell total aufgespalten – auch durch die Technologie – und in 50, 60 Sparten aufgeteilt. Es gibt sozusagen keinen Brocken mehr, den man als Ganzes runterschlucken kann. Nur noch Stäubchen. Auch der Begriff Künstler hat keine Substanz mehr. Früher war das anders, bei Picasso ...

NS: Man konnte Kunst und Künstler einfacher definieren?

TB: ... jetzt ist es zerfressen und zerbröselt. Und es wird immer psychologischer, man ist heutzutage fast mehr ein Psychologe als ein Künstler. Zum Beispiel weil man genau weiß, wann man anfangen und wann man aufhören muss. Also früh genug aufhören, damit nicht zu viele Arbeiten da sind und so weiter. Es gibt kein Gesamtbild des Künstlers mehr, nur in sehr viele kleine Scheiben aufgespaltene Bilder.

NS: Auch das hängt mit der Globalisierung zusammen ...

TB: ... und mit der technologischen Entwicklung.

NS: Die Globalisierung spiegelt sich auch in der Digitalisierung unserer Lebenswelten. Trotzdem haben – so kommt es mir in Gesprächen oft vor – die meisten Menschen, auch die meisten Kunstschaffenden, kein globales Bewusstsein.

TB: Ich auch nicht.

NS: Doch!

TB: Eben deshalb bin ich Weber. Weil ich in jedem einzelnen Moment entscheiden kann, ob der Faden drüber oder drunter geht. Ein Weber hat beides: eine Sicht auf das große Ganze, aber auch eine wahnsinnig feine Sicht auf jeden Quadratzentimeter. Ich kann sehr genau gucken, ob da ein Webfehler drin ist oder nicht.

NS: Womit wir wieder beim Thema Auseinandernehmen und Neuzusammensetzen wären. Haben Künstler eine globale Verpflichtung, Zusammenhänge zu erkennen und „die Welt" zu erklären?

TB: In ihrem Metier schon ... Du musst sozusagen im Winzigen und im Riesigen funktionieren, dich im Mikro- und im Makrokosmos zugleich bewegen können, wenn du etwa einen Apfel malst. Das heißt, du darfst keinen Bereich haben, wo du plötzlich ungenau wirst. Oder wo du überhaupt nicht mehr teilnimmst. Du musst schon springen können.

NS: Positiv gewendet könnte man sagen, dass wir das Glück haben, in einer unglaublich spannenden Zeit zu leben, die sehr viel Mut erfordert und in der wir nicht nur permanent nach Zerstreuung suchen sollten.

TB: Man kann eigentlich den Kopf schütteln, wenn jeder nur noch an Urlaub denkt. Das wär' ja ein Graus – nur noch Urlaub machen müssen, unerträglich. Ich bin nie gelangweilt. Ich kann mich niemals langweilen. Ich bin immer gut aufgelegt und aufgeregt. Und ausgefüllt. Deshalb würde ich auch nie danach schauen, dass ich jetzt mal eine Abwechslung brauche – ich brauche keine. Es ist total spannend.

Nicolaus Schafhausen in conversation with Thomas Bayrle

"It's Completely Crazy to Think That We're Alive at All"

Interviewing Thomas Bayrle always involves looking at post-1960s art history in an alternative light. Bayrle's life has been influenced by the great political movements in West Germany's post-war modernity, and his art reflects both society and ideology.

Thomas Bayrle lives with his wife, the artist Helke Bayrle, in a modernist house on Frankfurt's Paradiesgasse that was designed by the Frankfurt-based architect Marie-Theres Deutsch only a few years ago. This is where Bärbel Vischer and I spent a lot of time over the course of the spring and summer of 2017 sitting at the kitchen table and discussing the canonical categories of his work, his loyalty to what are not always "smooth" developments in contemporary life, and the consequences of his obsessions.

Nicolaus Schafhausen (NS): You have been working as an artist for a long time now—and within very different political models of society. Artists react to their surroundings, they aren't detached from what's happening around them. What has changed for you over the decades—both personally and in terms of your work?

Thomas Bayrle (TB): Actually, very little has changed. Some things have become more intense. In the mid-1960s, of course, I was fascinated by mass movements and mass production. For example, the First World War wouldn't have been possible without capitalist mass production. It was the first time that weapons were mass produced on assembly lines. And just as brutally, man was deployed en masse as an organic resource. The fact that a million soldiers died in Verdun—that hadn't been possible before. Even back then, I stated clearly—even when talking to the Left—that I don't see the "masses" as a faceless mob, but as individuals. I couldn't understand why the Chinese leadership under Mao, who I in fact admired, saw humankind as a "mass of people"—like potatoes or flour. Even back then, I made it clear that for me, everyone is unique. But for using such a bourgeois turn of phrase, I was immediately branded as a reactionary element by shrewd Maoists.

NS: That's interesting, because being an artist is one of the few professions where it comes down to the individual, to one person in dialogue with the world. If the Left, with whom you had in fact identified, considered you to be reactionary in this point, does that then mean that being an artist is reactionary per se? Is it a reactionary profession?

TB: You can see it that way. But it took me decades to even consider myself an artist. I've always been on the verge of being a graphic designer, a teacher, or something else, and couldn't consider myself fully an artist for a long time because I doubted myself. I didn't want to suppress those doubts, so instead turned them into something productive at the Städelschule, for example, by drawing out the doubts in everything I was talking about. Besides, I told everyone something different, didn't always say the same thing. I tried to show an interest in each individual student and tried not to treat them as a group.

NS: What would you say are the fundamental aspects of your work?

TB: On the one hand, without wanting to call it religion, I do see nature and this world as an unimaginable gift. An unimaginable treasure that's entirely unique—down to the most minute insects and further, down to the cells and atoms. And I'm incredibly lucky to be able to experience it all. On the other hand, I see how people make do by mass organizing, mass producing, mass sharing—how they have developed mechanisms that come from the world of machines. And this world of machines interests me just as much. The idiotic side to it is also magnificent, meditative. Like the constant repetitions of the prayer wheels in Tibet. The more the better—although I know for a fact that of course the opposite is also true: the more the worse. I could almost divide myself in two: on the one hand, I can understand and be excited by this whole "man-made" world, while on the other I can see that it's a catastrophe that's destroying everything.

NS: If I understand you correctly, that means that you have become more spiritual?

TB: Actually, I've always been spiritual, but in a vague, rather subversive way. One that is strongly influenced by rhythms, a kind of sound meander—a mixture of rhythms, chants, machines—in unchanging repetitions … like an internal radio … I didn't want to make that known at a time when everyone would have thought I was crazy. In the 1960s I had a lot of connections with the Left and they would have disapproved if I had expressed anything along those lines. That level, as it were, was simply off the cards.

NS: What always strikes me about you and your wife Helke is that you seem happy. Is that because your profession as artists is also a wonderful gift? Because it's about trying to understand the world? And while the world is becoming increasingly complex, art is about decoding that complexity in some way. Taking apart the world that surrounds us—and then putting it back together again.

TB: Actually, I used to see that very pragmatically. Like Eero Saarinen: "If something's too long, make it longer." I wasn't an architect, so I simply said: If it's too big, divide it into smaller parts. And if they're still too complex, then divide it again, into even smaller parts. First of all, that allowed me to access the substance, the microscopic level. And secondly, it meant taking a conscious approach. Namely, that I don't want to have an overview—what everyone else wants, I don't. For example, somewhere I worked on the wing of an airplane but thought about the airplane as a whole. I didn't want to see my works at all or proceed strategically; rather, I wanted to work on one part and think about the other. That means I couldn't only divide, but also shrink scales down to a minute level. Or zoom out to a huge scale. So not just a single perspective, but constant movement. And hence constantly making

links to the body, to breathing, to ventilating, or to absorbing the world. I didn't force myself to stick to what I knew. I'm happy to digress when I'm apparently supposed to be concentrating. I don't get tied down by facts.

NS: Does the past explain the future or the present the past?

TB: That's a good question—both is true, it goes back and forth. But I think the present explains the past. Although people often claim the opposite—that we can explain where we are now by looking back to prehistoric times, as it were. But that's pure utopia, because we don't know what happened 3 000 years ago. We don't know what happened 500 years ago—in fact, we don't even know everything that happened in the Third Reich.

NS: There are lots of artists who say: everything was better in the past.

TB: No, it wasn't better.

NS: When you look at what other artists used to do and what they do now, what has changed about the way you judge others?

TB: Actually, I've always found it easy to approach the opposite of me. I've always liked artists who do something different, who see the world differently. I could learn from them and check my position, my possibilities. I've never only had solid forms. Form has always fluctuated, one way or another. And I've also lived to see some good artists. I've seen entirely different approaches and may not have understood them for a couple of years. But I've always shown an interest in them and thought that it's extremely important to look at what's being done.

NS: The way I see it, your work has always been decidedly political. And at least for a time, that wasn't fashionable. Because it was about technology. Or about explaining the world through abstraction. From my point of view, that differentiates you from the other artists of your generation—though talking about generations is difficult in itself.

TB: If by the word "political" you don't mean parties or day-to-day politics but rather an attitude toward plants, animals, people, or materials, then you're right. It's important that I have responsibility. I don't want to hide that responsibility, even if it becomes embarrassing.

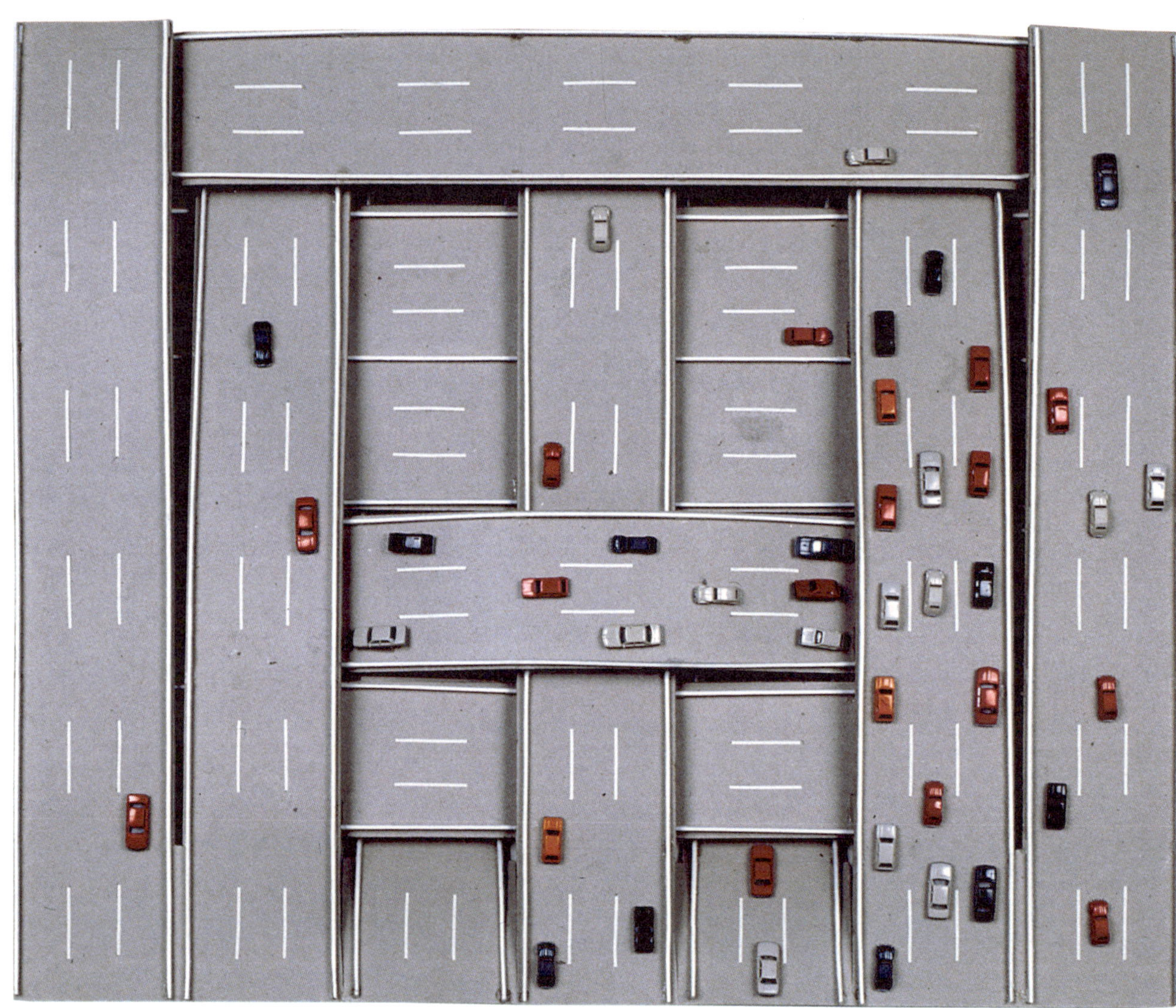

¥ *(Yen)*, 1980; Relief; Pappe, Papier, Modellautos; Foto: Axel Schneider
¥ *(Yen)*, 1980; Relief; Cardboard, paper, miniature cars; Photo: Axel Schneider
MMK Museum für Moderne Kunst, Frankfurt am Main

NS: How do you control yourself so that you don't lose control of your work?

TB: I simply proceed from every second, from every breath. It's completely crazy and completely miraculous to think that we're alive at all and that it's possible to exist in this world where billions of elements are constantly being born and dying. It's a huge privilege and I'm grateful for it. But that gratitude isn't somehow submissive; rather, it's a kind of starting point from which to do something.

NS: When you look into the future, what's coming? What will happen with your work, what will happen with art?

TB: The whole world is becoming increasingly complex and increasingly crazy in the attempt to balance out the increasing number of contradictions. The global population has doubled, tripled; resources are becoming increasingly scarce. We know that, we don't need to talk about it anymore. I don't see any end to it; it'll continue on much smaller and much larger levels, too. The task faced by artists—and scientists too—is to explain that the spaces around us should be used more economically. Because what's being done to the environment is a disgrace. There is absolutely no responsibility anymore. Everyone throws things away, everyone makes a mess.

NS: Decades ago, people didn't give much thought to the details: What's happening there? How are we causing destruction? All of a sudden, people have become aware of that. That's why I find art so important in times like these. Because art is a way to explain the world—but it's not a science.

TB: At any rate, it's not a science that's linked to economic and social conditions, that's exploited to serve a purpose. That kind of science really isn't in an enviable position.

NS: What I found a bit lacking in the large art exhibitions, though—both at documenta in Athens and Kassel as well as at the Biennale in Venice—is that the economy isn't discussed there. Which is absurd, because everything depends on the economy. And I don't mean the economy of the art market.

TB: It's comparable to not eating anything. The economy is the fuel that makes it all take off every day, the global balloon. It needs to be fed and it is also fed by utter baloney. That means we really are dealing with something completely crazy, on the one hand. On the other, we're also dealing with utopia. And with depression.

NS: The next question is for you both, Helke and Thomas: to what extent do you work together?

TB: Actually, we've always worked together, above all by discussing things. We've had breakfast in bed for 50 years and every morning I make the tea and bring the tray to bed. Then we talk about all kinds of things and it's like a review for the whole day. We talk about everything—including art, of course. It's important for you to know that Helke has created things herself for over 30 years now and that she contributed to Fluxus as early as 1964. At a big Wolf-Vostell happening in 1964 at the Dorothea Loehr Gallery to mark the building of the wall, Helke read texts about flies for Bazon Brock and Stanley Brouwn while ironing bananas and standing in a crib.

Helke Bayrle (HB): And I'm critical. Sorry, I had to add that.

TB: Yes, Helke is the critical mass.

HB: Sometimes I thwart things, too—I don't simply encourage.

NS: A bit like an editor?

TB: Yes, indeed she is. And as a critical mass she thwarts a lot of things!

NS: What social groups interest you, Thomas?

TB: It's difficult to choose. It's not influenced by some kind of left- or right-wing thinking. It's actually influenced by life itself. For example, we were deeply involved in the *"Kinderladengeschäft"* [alternative, antiauthoritarian kindergarten movement]. In 1970 we founded our own *Kinderladen* [alternative kindergarten] and at the same time planned and realized the first *"Kinderplanet"* ["children's planet"] with Wolfgang Schmidt and a group of students around Linette Schönegge. That was a huge, frantic event on the premises of the Frankfurt trade fair, with 30 000 children taking part over a period of six weeks. At the time, the preparation and the planning for this undertaking was completely off the cuff. We said: We'll do something on the trade fair site for children who can't go on vacation, which was still a high percentage back then. It should be spontaneous, wild, and exciting. As for the institutions, that meant we were preaching to the choir. The trade fair cooperated, the Americans provided us with an actual helicopter, companies donated material by the truckload—wood, paper, fabric, Styrofoam, potatoes, root vegetables, bananas. Every morning the little ones pounced on it all—and sewed, sawed, cooked, painted, developed, printed all day long. Every three days we published a homemade newspaper. All of our lovely left-wing dreams came about almost automatically back then, because it was new for the children of the Adenauer era. It wasn't about constantly doing something good. It was about letting it take its course. Ten years later, all of that had become a left-wing catchphrase, and from today's perspective it sounds incredibly naive. The tourism industry has absorbed it all. Today hardly anyone would turn up.

NS: What you're talking about is exactly my socialization as a child. It's perhaps one of the reasons why I work in the art world. After all, I'm a child of social democracy …

TB: …me too…

NS: … I went to comprehensive schools, to a *Kinderladen*, so I grew up with educational models that are now frowned upon. Is it a problem that traditional European social democracy has adapted to neoliberal paradigms in recent decades?

TB: It's a problem. But it had to adapt, too, simply because the capitalist system in the digital age—personally I'm sick of hearing those terms!—is like a new typhus. Everything is vanilla, bland.

NS: To what extent is making art today, in 2017, an expression of freedom?

TB: In that sense, I no longer see it as what it once was. In fact, it's the opposite: Making art today is quite a limiting responsibility. What do I and don't I permit myself to do. And in that sense, it's actually not a freedom, but a strictness toward myself. What I let out and what I don't. What interests me is clear, but now, in this general sense of commercial freedom, I often don't see anything anymore. On that point, I'll quote a sentence that I wrote in a text in 1984: "I feel entirely like a fat cell, comfortably wedged in the fat of the sow on which we all live …"

NS: The problems that we face today are more complex than ever before. Do we need a new cultural revolution?

TB: Maybe we do! But first and foremost, I have to look at myself and find a place for myself in this "being that creates consciousness." On the face of it, I'm merely

going from one art market to the next … But what's that got to do with me? Despite this social depression, I feel able to slowly subvert hard-wired relations and to change my fabric, like the warp and the woof. To imperceptibly become more reddish, more yellowish, more greenish. If you still feel as an artist, then you may go with the flow—but at the same time you have to catapult yourself out of this utilitarian cocoon. And then I want to be alone among the masses, in any old place. It's got to do with life and death, with this magnificent existence, this unimaginably complex body, and to do with living for a while on this earth. It sounds old-fashioned, but that's the way it is—you have to ask yourself this existential question. And I do still have the outdated ambition that my work will still be interesting even after I'm gone.

NS: What role does art play in our society?

TB: Our concept of art is very old, there's a holism to it. But currently that's being completely broken down—also by technology—and divided into 50, 60 branches. There is no lump anymore, so to speak, that you can swallow whole. Just specks of dust. Even the term "artist" doesn't have any substance anymore. That used to be different, with Picasso …

NS: … it was easier to define "art" and "artist"?

TB: … but now it's corroded and crumbled. And it's becoming increasingly psychological; nowadays, you're almost more a psychologist than an artist. For example, because you know exactly when you have to stop and start, i.e., stop early enough so that there aren't too many works, etc. There's no overall picture of the artist anymore, just pictures split into a great many small slices.

NS: That, too, is connected to globalization …

TB: … and to technological progress.

NS: Globalization is also reflected in the digitalization of our realms of experience. Nevertheless, most people and most artists—at least, that's the impression I often get in conversations—have no global consciousness.

TB: Me neither.

NS: Sure you do!

TB: That's precisely why I'm a weaver. Because every single moment I can decide whether the thread will go over or under. A weaver has both a sense of the big picture and an insanely accurate sense of every square centimeter. I can see very clearly whether or not there is a flaw in the weaving.

NS: Which brings us back to the topic of taking things apart and putting them back together again. Do artists have a global obligation to identify connections and to explain "the world"?

TB: In their métier, yes … In a manner of speaking, you have to function both in the big and the small, be able to operate in the micro- and in the macrocosm at the same time—when painting an apple, for instance. That means that you can't have an area where you suddenly become vague. Or where you no longer take part at all. You definitely have to be able to be flexible.

NS: To put it more positively, you could say that we have the good fortune to live in an incredibly exciting time that requires a lot of courage and when we shouldn't just be constantly looking for distraction.

TB: It really does make you shake your head to think that everyone might just be thinking about their next vacation. That really would be awful—just having to go on vacation all the time. Unbearable. I'm never bored. I can never get bored. I'm always happy and excited. And fulfilled. Which is why I would never stop to see if I need a change—I don't need any. It's extremely exciting.

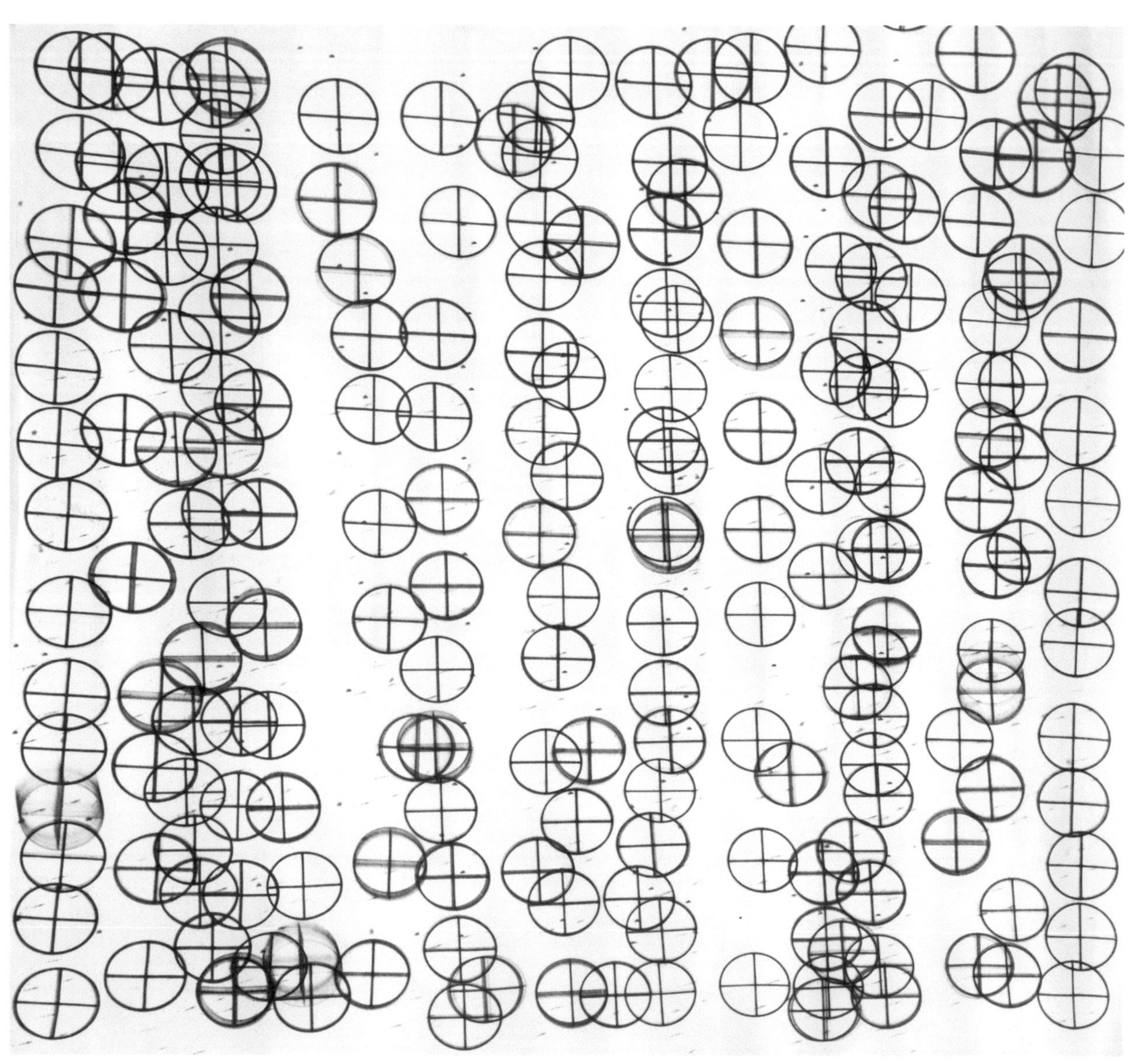

Kreise, 1985; Direktbelichtungen auf Leinwand; Foto: Wolfgang Günzel
[Circles], 1985; Direct exposures on canvas; Photo: Wolfgang Günzel
Courtesy of the artist

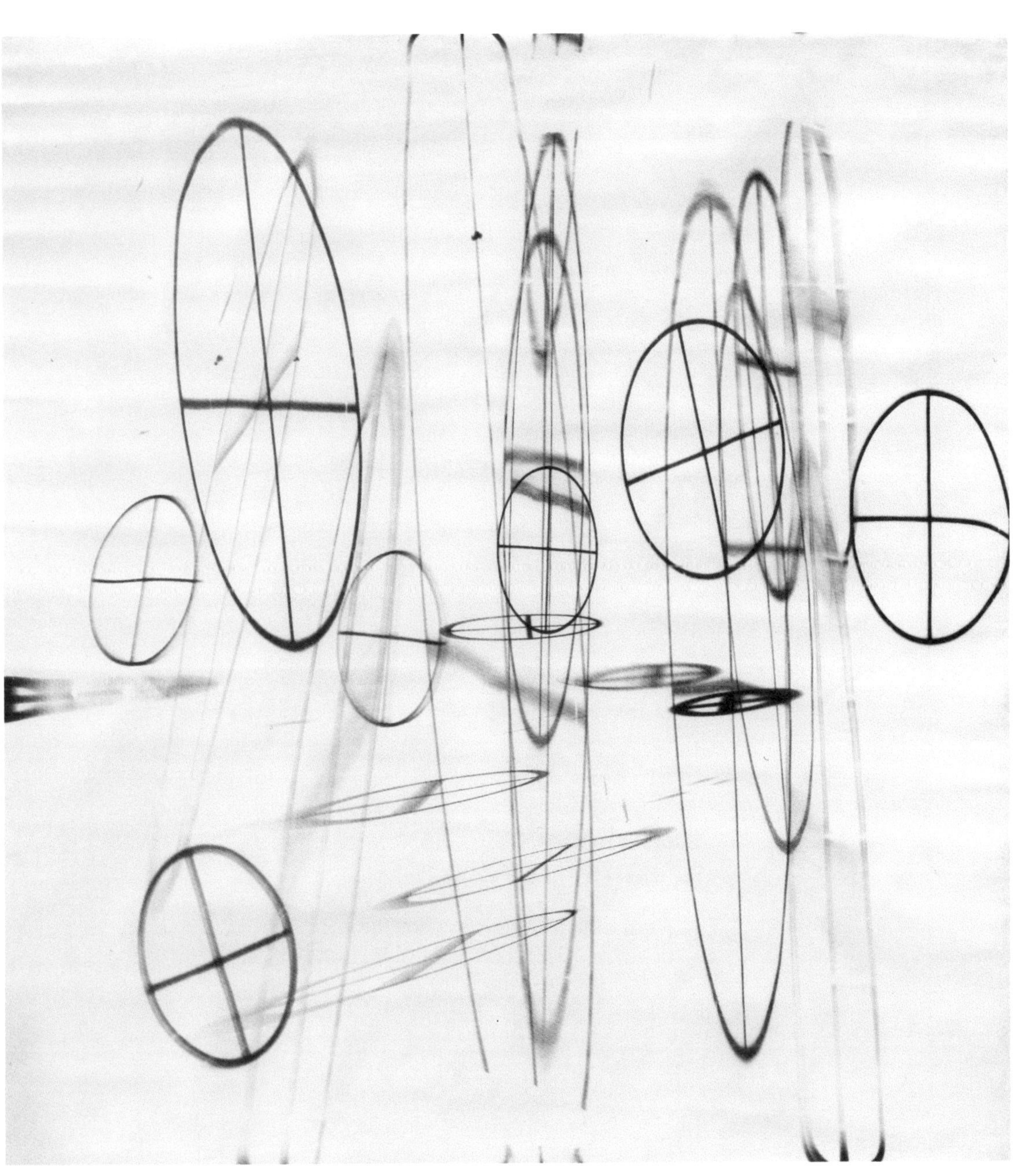

Kreisverzerrungen, 1985; Direktbelichtungen auf Leinwand; Foto: Wolfgang Günzel
[Circle Distortions], 1985; Direct exposures on canvas; Photo: Wolfgang Günzel
Courtesy of the artist

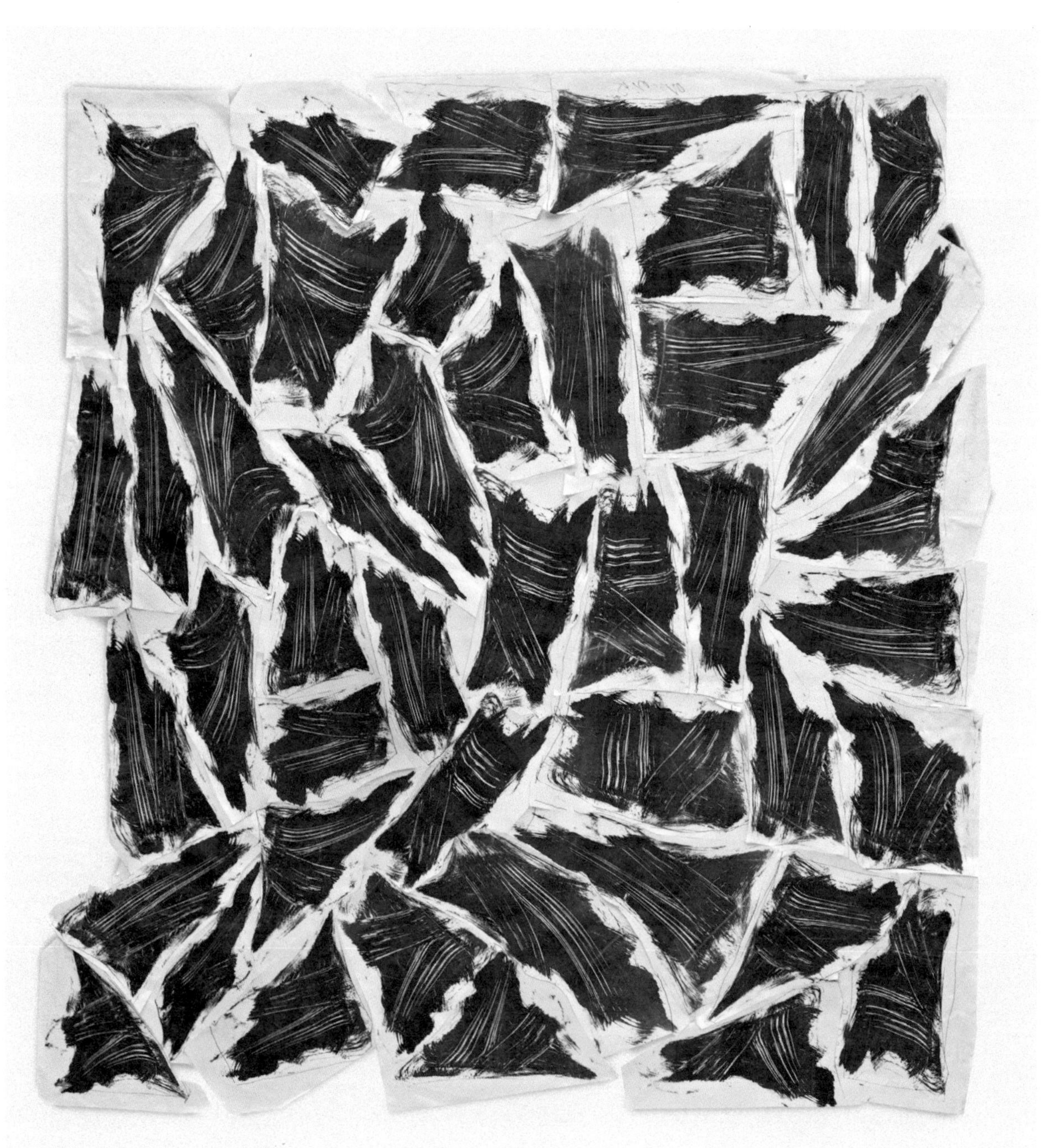

Stückmalerei (45 Variationen), 1987; Collage auf Leinwand; Foto: Wolfgang Günzel
[Piece Painting (45 Variations)], 1987; Collage on canvas; Photo: Wolfgang Günzel
Courtesy of the artist

Pinselstriche, 1985; Direktbelichtungen auf Leinwand; Foto: Wolfgang Günzel
[Brushstrokes], 1985; Direct exposures on canvas; Photo: Wolfgang Günzel
Courtesy of the artist

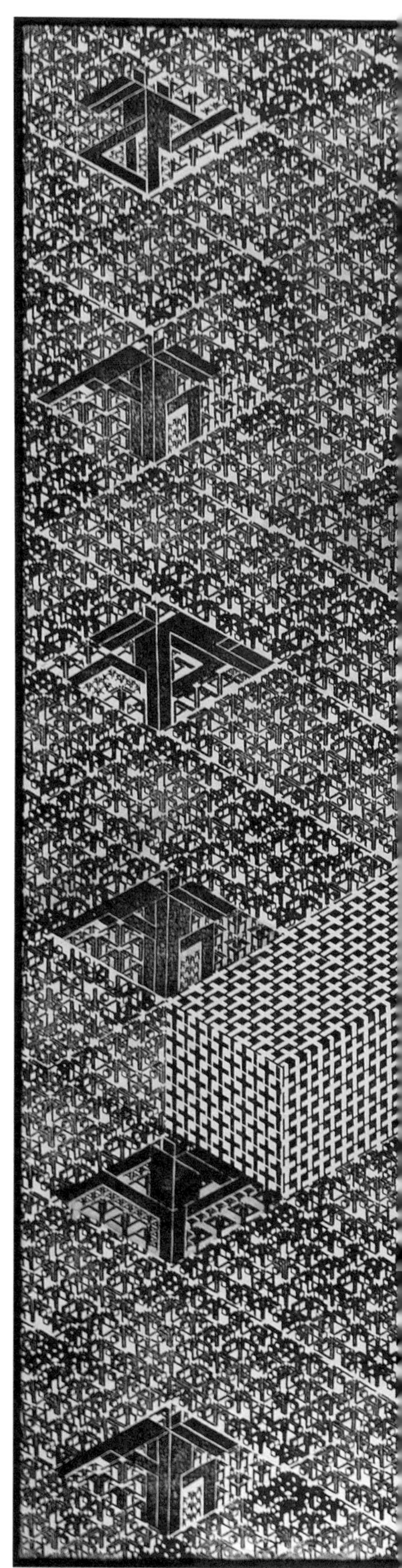

Verdun (Totentanz), 1987; Stempeldruck auf Leinwand; Foto: Wolfgang Günzel
Verdun [Death Dance], 1987; Block print on canvas; Photo: Wolfgang Günzel
Privatsammlung Private collection

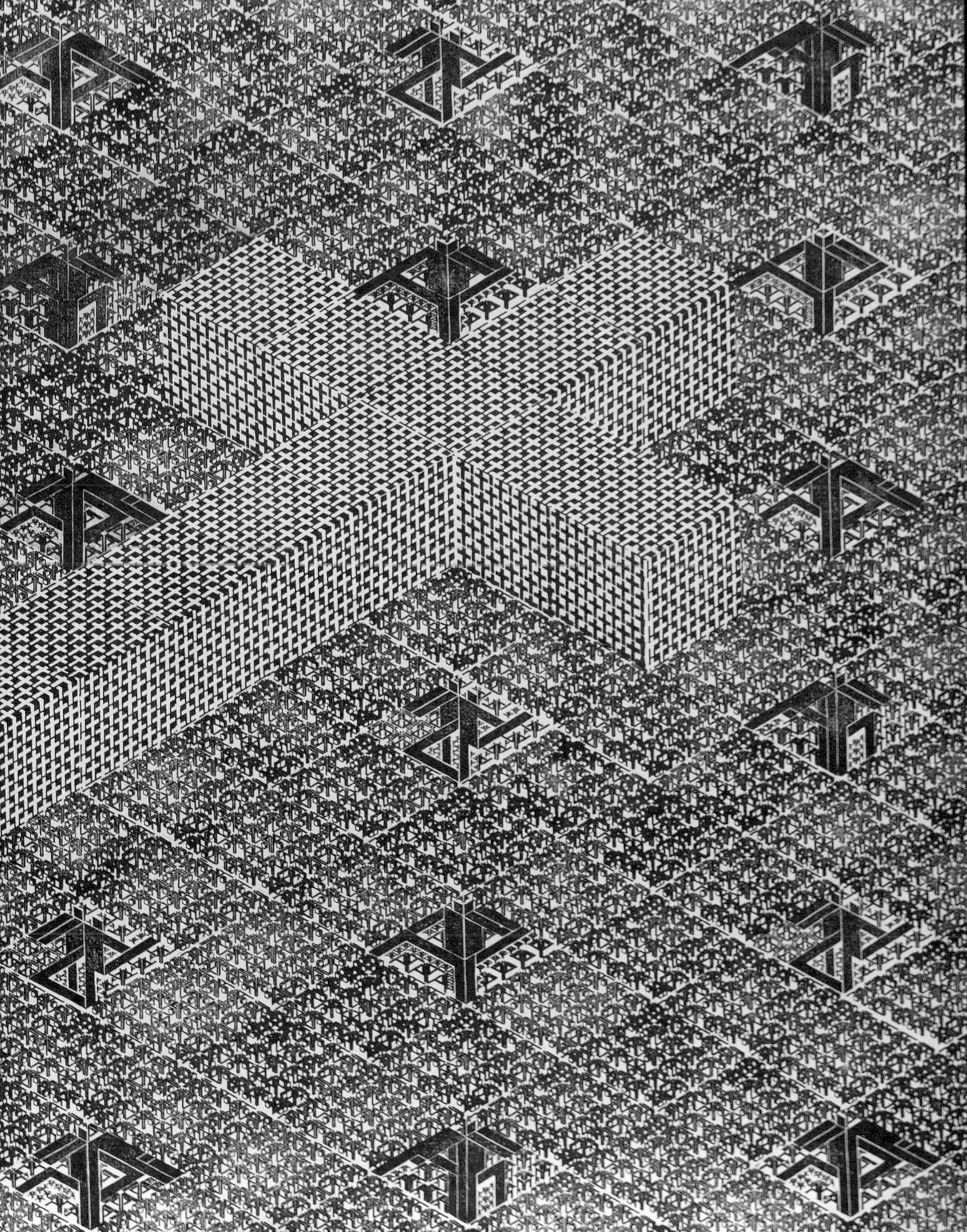

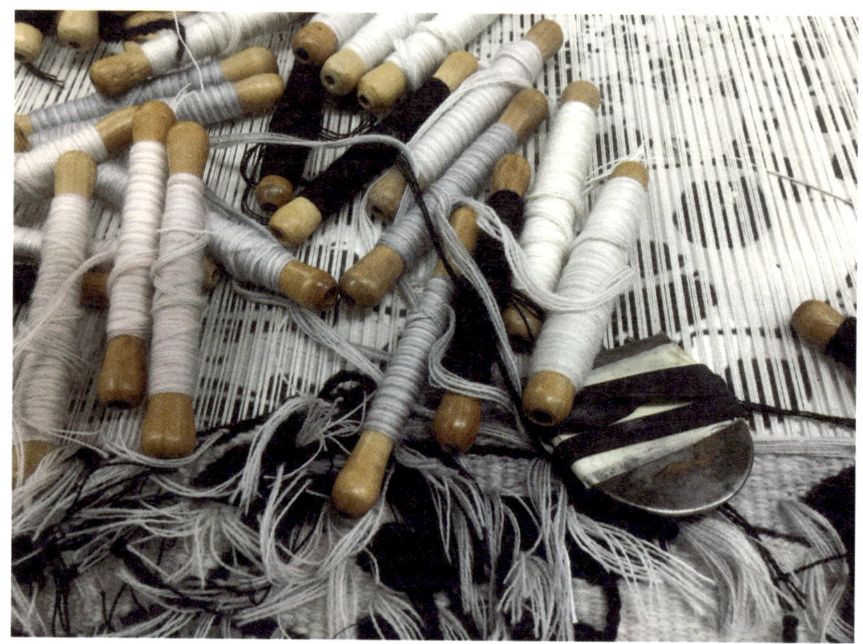

Weben nach einem Entwurf von Thomas Bayrle in
Aubusson (Detail), 2017; Foto: MAK/Bärbel Vischer
Weaving after a design by Thomas Bayrle in
Aubusson (Detail), 2017; Photo: MAK/Bärbel Vischer

Bärbel Vischer

Text / Textil / Matrix

Ähnlich wie durch das Zeichnen Momente des Taktilen aufgenommen werden,[1] gewinnen Textilien ihre Form durch Gesten. Berührung, Bewegung und Erinnerung interagieren mit dem Sehen.[2] Bei einem Spaziergang durch Frankfurt am Main erzählt Thomas Bayrle (geb. 1937) von der Unmöglichkeit einer Idee, die einzelnen Fäden eines Teppichs, eingespannt zwischen Schuss und Kette, während des Webens zu zählen. Eine Autobahnfahrt quer durch Frankreich führt zu einem Ordnen dieser Fäden, inspiriert durch das Album *Alina* (1999) von Arvo Pärt (geb. 1935): durch Reduktion wird es möglich, das Bild in das textile Medium zu übersetzen. In seinen Untersuchungen des Textilen analysiert Bayrle Strukturen von kleinen Zellen und großen Systemen, die sich in Rhythmen zur Matrix verbinden. Bayrle geht es in künstlerischen Grenzverschiebungen um die Präzision seiner eigenen Sprache. Er setzt Schnitte und Zeichen, entwirft Raster und Gitter, die Töne und Modelle formen, um den Bereich des Gegebenen und Möglichen zu vermessen.

Bayrles Herangehensweise als Zeichner, Maler, Grafiker, Skulpteur und sein Interesse für zeitgenössische Materialien und Medien sowie für handwerkliche und industrielle Herstellungsprozesse ist von seiner haptischen und konzeptuellen Auseinandersetzung mit Textil beeinflusst. Ende der 1950er Jahre machte er eine Ausbildung zum Musterzeichner für Textilien und zum Weber für Maschinen mit Jacquardeinrichtung. Der Beruf des Musterzeichners wurde später durch das Computerprogramm ersetzt, das System maschineller Webstühle entwickelte die digitale Programmierung in vielen Schritten mit. Beide Ebenen, das Analoge und das Digitale, sind Handlungsräume, die Bayrles künstlerische Produktion skizzieren. Seine Strategien öffnen den Blick für die Verbindung zwischen dem Analogen und dem Digitalen, diametral entgegengesetzte Bereiche.

In der praxisorientierten Publikation *Der Stil in den technischen und tektonischen Künsten, oder PRAKTISCHE ÄSTHETIK. Ein Handbuch für Techniker, Künstler und Kunstfreunde* (1860) beschreibt Gottfried Semper (1803–1879), Architekt und Theoretiker, die Entwicklung des Webens und des Musters, zuerst mit Grashalmen und Pflanzenfasern, danach mit gesponnenen Fäden aus vegetabilen oder animalischen Stoffen: „Die Verschiedenheiten der natürlichen Farben der Halme veranlassten […] ihre Benützung nach abwechselnder Ordnung und so entstand das Muster." Das Ornament ergibt sich aus den Eigenschaften der Materialien im Zusammenspiel von Farbe und Textur.[3]

Der Schriftsteller Marcel Proust, der angewandte Kunst in die Literatur hineinmalt, beobachtet in seinem Roman *Auf der Suche nach der verlorenen Zeit* (1913–1922) das ephemere Muster des Morgenlichts: „Geschickt zog es zwei Bäume an sich, und mit einer machtvollen Schere aus Dunkel und Helligkeit schnitt es von jedem die Hälfte des Stammes und der Zweige ab, flocht die verbleibenden Hälften zusammen und machte entweder einen einzigen Schattenpfeiler daraus […] oder ein einziges Trugbild von Helle, dessen künstliche, glitzernde Konturen ein Geflecht von schwarzen Schatten umsäumte."[4]

---

1   Sennett, Richard, *Handwerk*, Berlin 2008, 64.
2   Smith, T'ai, *Die Grenzen des Taktilen und des Optischen. Bauhaus-Textilien im Rahmen der Fotografie*, in: Buchmann, Sabeth/Frank, Rike (Hg.), *Textile Theorien der Moderne. Alois Riegl in der Kunstkritik*, Berlin 2015, 145–169: 164.
3   Semper, Gottfried, *Der Stil in den technischen und tektonischen Künsten, oder PRAKTISCHE ÄSTHETIK. Ein Handbuch für Techniker, Künstler und Kunstfreunde,* 2 Bände, Erster Band: *Textile Kunst*, Frankfurt/Main 1860, 228.
4   Proust, Marcel, *Guermantes. Auf der Suche nach der verlorenen Zeit 3*, dritter Teil des siebenteiligen Romans, E-Book-Ausgabe Reclam 2014, übersetzt aus dem Französischen von Bern-Jürgen Fischer, 1406.

Sprache in eine musikalische Ordnung zu setzen, versucht der Lyriker Paul Celan (1920–1970). In seinem zeitlosen Gedicht *Todesfuge* (1944/45), ein poetisches Ornament und kulturelles Gedächtnis, klingt das Oxymoron „Schwarze Milch der Frühe" in Variationen immer wieder neu an.[5] Das Schöne und Sublime steht für das Gegenteil des Schönen und Sublimen – die Vernichtung.[6] Die Textschichten der einzelnen Verse entsprechen einer Fuge, der Rhythmus gleicht einem Tanz.[7] Das innere Auge zeichnet das Muster aus Körpern, einen Totentanz.

In Bayrles großformatiger Arbeit *Verdun* (*Totentanz*) (1987) greifen zwei Symbole wie Schatten ineinander. Das Kreuz steht für das Mystische und der Sarg für die Vergänglichkeit, betont durch die Bewegung und Richtung der Perspektive im Bild. Mit Stempeln auf Leinwand gedruckte Ornamente überziehen die schwarz-weiße Fläche wie ein Gewebe oder ein Cartoon. Der Tod steht für die Geschichte, der Sarg ist die Kapsel des Körpers. Im Zustand der Transformation nimmt der Körper im Motiv der Pietà eine suggestive Haltung ein. Der Tote ruht auf dem Schoß der Mutter, der Welt. Parallel zu einer aktuellen Arbeit für die Hartmannswillerkopf-Gedenkstätte im Elsass für dort gefallene Soldaten des Ersten Weltkriegs entwickelte Bayrle eine Wiener Tapisserie nach Michelangelos (1475–1564) collageartig komponierter *Pietà* (1498/99) im Petersdom im Vatikan, die durch Gegensätze und Verschiebungen der Ikonografie seit der Renaissance magnetisiert. Die Figuren der Andacht – das Weibliche und das Männliche im Akt der Balance – changieren zwischen Trauer und Intimität, deren Offenheit in neue Erzählungen führt. Bayrles Pietà für das Gedenken besteht aus grafischen weiß-schwarzen Totenköpfen, die das Bild wie die Schichten eines Massengrabs verspinnen. Die in Blau getauchte ornamentale Bildfläche der *iPhone Pietà* (2017), speziell für die MAK-Ausstellung entworfen, zeichnet er aus Smartphones – Ornament, Symbol, Apparat und Schmuck zugleich – und übersetzt den kulturellen Code der Pietà in ein Stimmungsbild gesellschaftlicher und politischer Ereignisse. Die klassische Ikone verdichtet sich zu einem Zeichen unserer Zeit.

Von einem Atelier in Aubusson (Frankreich) wurden die Materialien mit natürlichen Pigmenten gefärbt und die Tapisserie in verschiedenen Texturen handgewebt. Das Weben in Kollektiven hat in der Stadt und Region seit sechs Jahrhunderten Tradition und verbindet das Handwerk mit den Nahtstellen europäischer Geschichte, der Avantgarde des 20. Jahrhunderts und zeitgenössischer Kunst. Das MAK, das in seiner mehr als 150-jährigen Geschichte programmatisch u. a. von den konzeptuellen Ideen Sempers und des Kunsthistorikers und Kustoden der Sammlung Textilien und Teppiche Alois Riegl (1858–1905) geprägt wurde, die sich mit dem Textil als Medium auseinandersetzten, wird zur Plattform eines neu aufgenommenen Austauschs zwischen Kunst und Handwerk, KünstlerIn und WeberIn. In seiner für die Ausstellung entwickelten textilen Arbeit folgt Bayrle dem Faden der Herstellung eines Experiments künstlerischer Produktion und ihrer Wechselwirkung in Ökonomie und Gesellschaft.

An den beiden unterschiedlichen in Aubusson gefertigten Tapisserien Bayrles lässt sich eine Entwicklung im Herstellungsprozess festmachen, die das Modell der Hierarchisierung zwischen bildender und angewandter Kunst infrage stellt. Das Entwerfen und das Weben waren jahrhundertelang miteinander verknüpft. KünstlerInnen fertigten Kartonzeichnungen als Vorlagen für die WeberInnen an, die die Farben bestimmten und verfügbares Material, Wolle von Schafen aus der Umgebung, mit naturbelassenen Mitteln wie Pflanzen, Erde und

---

5   Burger, Hermann, *Paul Celan: Auf der Suche nach der verlorenen Sprache*, Frankfurt/Main 1989, 63.
6   Knausgård, Karl Ove, *Kämpfen*, übersetzt aus dem Norwegischen von Ulrich Sonnenberg und Paul Berf, München 2017, 465.
7   Burger 1989 (s. Anm. 5), 115.

Asche färbten. Im 19. und 20. Jahrhundert kam es zu Veränderungen in der Zusammenarbeit: Paradigmen der Autorität und Autorenschaft seitens der KünstlerInnen wurden eingesetzt, um auf die industrielle Revolution und die Mechanismen der Massenproduktion zu reagieren und eine höhere Effizienz der handwerklichen Produktion zu erreichen. Ein neuer Ablauf als Reaktion auf das maschinelle Weben greift in die eingespielte Arbeitsteilung ein. Aus einer offenen Kommunikationssituation wird ein „geschlossenes Wissenssystem"[8]. Alle Entscheidungen, die Einfluss auf das künstlerische Werk haben können, werden nun alleine vom Künstler getroffen. Der Künstler entwirft nicht nur die Vorlage für die Tapisserie, sondern bestimmt auch die Farben. Das Wissen der WeberInnen, die auch die Wolle spinnen, färben und mit den Eigenschaften des Materials vertraut sind, wird nicht einbezogen. Ihre Tätigkeit ist auf die Ausführung der Tapisserie fokussiert, ohne Reflexion des künstlerischen Produktionsprozesses. Das Textile wurde zum Material erklärt und das Weben nicht mehr als Medium verstanden. Die ökonomische Krise in Aubusson ist nicht alleine auf die Industrialisierung und Globalisierung der Branche zurückzuführen, sondern auch auf eine künstlerische Krise, ausgelöst durch Verschiebungen im Herstellungsverfahren. Ein historischer Gobelin wirkt in seinen Flächen wie ein gemaltes Bild. Die vorgegebenen Farbraster der nach den Reformen entstandenen Arbeiten erscheinen hingegen künstlich und monoton. Der organische Effekt des Gewebes verliert sich in der Anordnung von Farben nach einem Index. Die freie Interpretation des Farbspiels einer Tapisserie durch WeberInnen wurde durch ein unflexibles Farbprogramm ersetzt.

Die Avantgarde testete das Weben als Medium. Hans alias Jean Arp (1886–1966) reagierte in Aubusson auf den Diskurs um die Farbe. Er verwendete Nichtfarben. Seine abstrakte Komposition *Le siège de l'air* (1966), geknüpft vom Atelier Raymond Picaud, ergibt sich aus dem Zusammenspiel von unbehandelter Baumwolle und der naturbelassenen Wolle schwarzer Schafe. Sowohl Semper als auch Riegl stellten in ihren Schriften die Vorbildfunktion des Teppichs für eine von der Abbildung sich lösende Malerei zur Diskussion.[9] Eine neue Auseinandersetzung mit der textilen Kunst als Projektionsfläche für die Wirklichkeit erzielt das Medium der Fotografie. Man Rays (1890–1976) Tapisserie *Shadows* (1937/38) – nach seiner gleichnamigen Fotografie – wurde vom Atelier Pierre Legoueix ausgeführt. Die Kunstfertigkeit der WeberInnen wird an der Abbildung der Wirklichkeit gemessen. Der wellenartigen visuellen Struktur des Bildes entspricht die Qualität des Gewebes.

Die Bewegungen der Hände beim Weben und die Fokussierung der Stofflichkeit der Materialien beim Durchziehen der Fäden generieren ein visuelles wie tastendes Sehen.[10] Die WeberInnen bestimmen den Rhythmus, ein Workflow gleichbleibender Energie. Bayrles Entwurf für die Gedenkstätte bestand aus einer digitalen Vorlage, die vom Atelier Patrick Guillot – bis zu feinen Schleiern, die sich über das Bild legen – detailgetreu übertragen wurde. Für die Wiener Tapisserie spielen Bayrle und Guillot die Parameter ihrer Zusammenarbeit weiter. Das Verfahren durchlief eine „Metamorphose".[11] Künstler und Weber arbeiteten hier Hand in Hand an der Übersetzung der Vorlage in das gewebte Bild. Die Faktoren der unterschiedlichen Medien und das „Materialbewusstsein"[12] wurden in den Entwurfsprozess einbezogen. Bayrle überarbeitete seine Zeichnung als Vorlage, Guillot wählte Materialien, die unterschiedliche Texturen ergeben, Seide, Leinen, Baumwolle oder Naturviskose, und bestimmte die Nuancen der verschiedenen

---

8   Sennett 2008 (s. Anm. 1), 41.
9   Prange, Regine, „Vom textilen Ursprung der Kunst oder: Mythologien der Fläche bei Gottfried Semper, Alois Riegl und
    Henri Matisse", in: Buchmann/Frank 2015 (s. Anm. 2), 107–143: 133.
10 Gaugele, Elke, „Textil und Stil. Alois Riegls Kritik an der Überhöhung der Textilkunst", in: Buchmann/Frank 2015 (s. Anm. 2), 29–49.
11 Sennett 2008 (s. Anm. 1), 163.
12 Ebd.

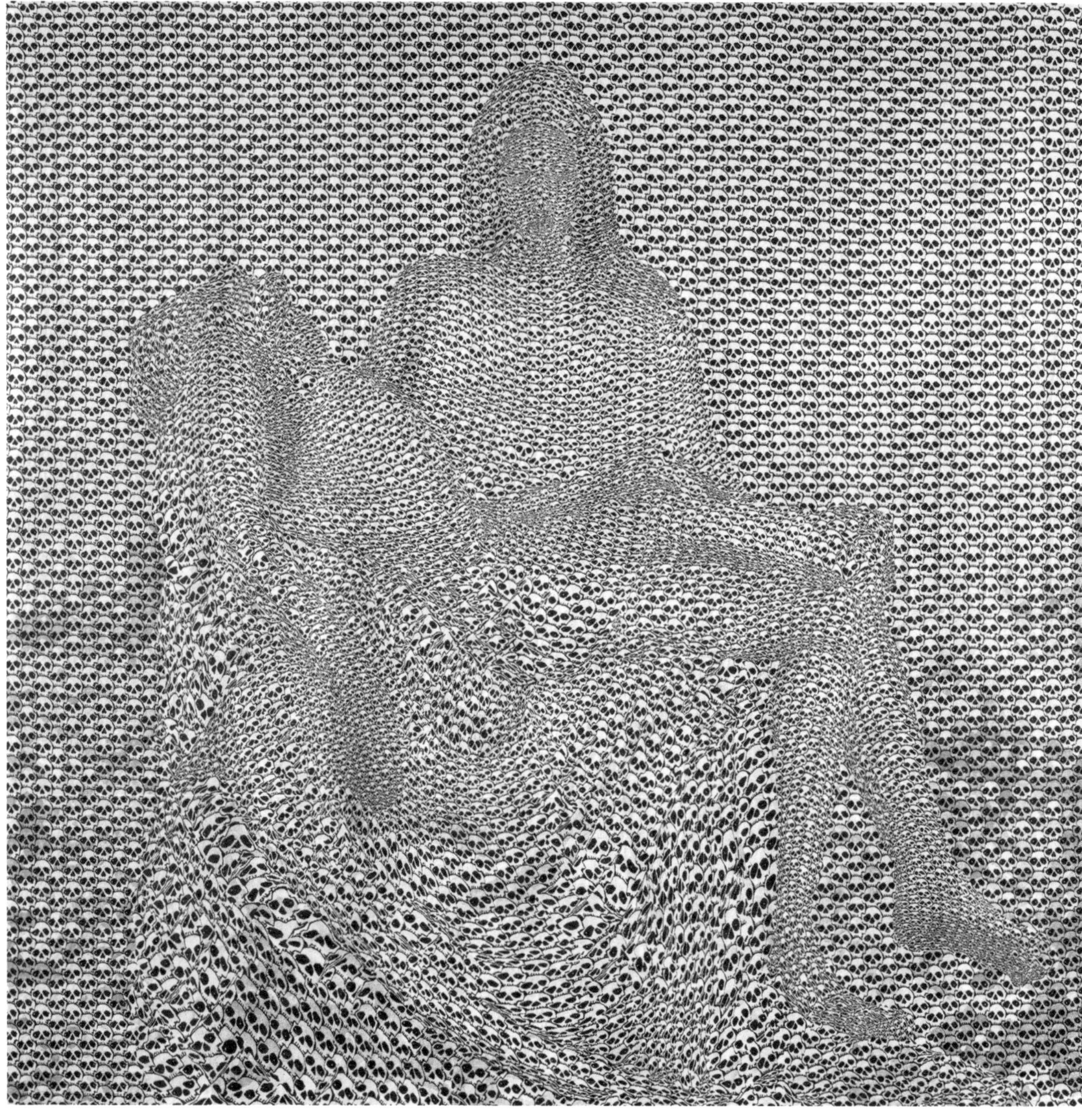

Pietà Word War I, 2017; Tapisserie: Atelier Patrick Guillot, Aubusson; Wolle, Seide, Baumwolle, Polyester; Foto: Nicolas Roger
Pietà Word War I, 2017; Tapestry: Atelier Patrick Guillot, Aubusson; Wool, silk, cotton, polyester; Photo: Nicolas Roger
Collection Cité internationale de la tapisserie, Aubusson

Farben Weiß, Beige, Blau, Grün, Schwarz für einzelne oder melierte Fäden, eingestimmt auf Bayrles Palette. Mit dem diagonalen Weben, einer seltenen, komplexen Technik, die hohe Präzision verlangt, nimmt Guillot das Bewegungsmuster von Bayrles Entwurf auf. Die Tapisserie wird ab dem Färben und Spinnen der Fäden in einem Zeitraum von sechs Monaten fertiggestellt.

In *PRAKTISCHE ÄSTHETIK* geht Semper von der Stofflichkeit der Dinge aus, die sich erst durch ihre Verwendung und ihr Bezugssystem materialisieren. „Ein Produkt soll sich als eine Konsequenz des Stoffes sichtlich darlegen."[13] Seine Theorien veranschaulichte er in Büchern und Studien mit zahlreichen Organigrammen. Eines seiner bekanntesten ist die Einteilung der Sammlung eines idealen Museums nach Materialien.[14] So wie er in der textilen Kunst von den Eigenschaften der Werkstoffe ausgeht, setzt sein System für angewandte Kunst bei den Materialien an. Hier haken die konzeptuelle Kunst, der Dadaismus und Surrealismus ein, die das Alltagsobjekt zum Material erklären. Während der Entstehung der Ausstellung inspirierte uns Sempers formales Vorbild des Organigramms zu einer Raumstruktur aus vier Komponenten, entwickelt in freien Gedankenassoziationen zu Bayrles Œuvre im Kontext des Webens.

Bayrles Bilder, Objekte, Skulpturen und Installationen entsprechen auf einer kontextuellen Ebene sozioästhetischen Modellen. Mit dem Konzeptkünstler Peter Roehr (1944–1968) verband ihn eine inspirative Künstlerfreundschaft. Gemeinsame Linien ihrer Arbeiten können vor dieser Folie gesehen werden. Das Frankfurter Trio mit Charlotte Posenenske (1930–1985) interessierte sich im experimentellen Zeitgeist der 1960er Jahre für die Geometrie, das Serielle, Massenproduktion, Industriegesellschaft, das immanent Abstrakte zeitgenössischer Materialien, Medien und Alltagsobjekte.

Die schwebende *Formation SARS* (2008) entwickelte Bayrle als Raumfigur – eine modulare Struktur oder ein Code aus genormten Kartongeflechten. Die reliefartigen Teile kreisen um eine Achse, wechselnde Blicke ermöglichen verschiedene Konstellationen zwischen Fläche und Raum. Durch biologische Studien, Wissenschaft und Forschung wurde Semper auf die Vernetzung von Gewebe und Struktur aufmerksam. Textiles, wie das Flächengewebe, stellt er in den funktionalen Kontext von Architektur. Das Textil gilt es ausgehend vom dreidimensionalen Raum zu analysieren und zu entwickeln.[15] Das archaische Weben resultierte in Geweben für Decken, Teppiche, Wandbekleidungen und schwebende Segeldächer.[16] In Bayrles Arbeit spiegelt sich die Praxis Sempers und der Avantgarde, die Funktion des Textils, interpretiert durch die Malerei, als Modul in Architektur und Raum einzuplanen.

Der Knoten wird von Semper als erstes technisches Symbol beschrieben. Der Weberknoten steht für die technischen Künste als Teil eines Knotensystems, das den Bogen von der Natur zu Bewegung, Körper, Raum und Architektur spannt.[17] Bayrle denkt den Knoten als Autobahn. Die Autobahn, die sich durch Städte, Landschaften und Kontinente schneidet, ist das Symbol der modernen Zivilgesellschaft, des Fortschritts, der Wirtschaft, der Ideologie, der Nation – ein weltweites Aushängeschild der Politik in Demokratie und Diktatur, wie ehemals Deutschland. Das Reliefbild *$* (1980) aus Pappkarton zeichnet den Autobahnknoten als Dollarzeichen, Synonym für die Weltmacht USA und politische Kursschwankungen. Eine dröhnende akustische Möbius-Schleife, der Rhythmus aus gegossenen Betonplatten. Die Autobahn verdichtet

---

13 Semper 1860 (s. Anm. 3), 95.
14 Sempers Manuskript *Practical Art in Metals and Hard Materials* (London 1852) skizziert die Systematisierung eines idealen Museums, grundlegend für die Konzeption des neuen Museumsmodells für Kunst und Industrie.
15 Loreck, Hanne, „Gewebe und Textil als Material, Machart, Modell und Metapher", in: Buchmann/Frank 2015 (s. Anm. 2), 77–105: 81.
16 Semper 1860 (s. Anm. 3), 228.
17 Ebd., 180 f.

Bayrle in seiner Malerei *Gotischer Schinken* (1980) zum Geflecht. Das Gerippe der Autobahn bildet das Gewölbe einer Kathedrale, deren Farbbänder auf unsichtbaren Fäden aufgezogen sind. Das Beten des Rosenkranzes, ein Ritual, das Bindungen zwischen Menschen sichtbar macht, übersetzt Bayrle in Prototypen eines Autoreifens aus gedrechseltem Holz mit Kugellagern, die gebetsmühlenartig in Bewegung gebracht werden können.

Der Pinselstrich ist die minimale Einheit in der Entstehung eines Bildes und gleichzeitig die erste Abstraktion. Die Kombination von Pinselstrichen ergibt Formen und Strukturen, die Bayrle in seinen Pinselstudien zu Strukturen und Geweben aus verschiedenen Rhythmen vernetzt. Der Pinsel – eine Feder, ein Büschel Tierhaare oder die Computermaus – ist ein Werkzeug, das die motorischen Möglichkeiten der Hand erweitert und Fiktionen übersetzt. Im Spiegel der Perfektion der Maschine und des Computers wird der Handwerker zu einem Symbol der Individualität.[18] Mit einem Pinselstrich bringt der Künstler oder der Kalligraf seine Idee ohne Filter zu Papier.

Am Tag seiner Ankunft in Wien schreibt Paul Celan sein Gedicht *Sprachgitter* (1957), das die Ambivalenz des Gitters als Kommunikationsmedium und Grenze der Kommunikation nachbildet. In ihrer Analyse *Grids* (1997) skizziert die Kunsttheoretikerin Rosalind Krauss das orthogonale Muster als das Grundmuster für die Entwicklung der modernen Kunst.[19] Geometrische Muster werden in der Architektur analog zum Textil eingesetzt, um Flächen zu organisieren. Lochkarten wurden entwickelt, um Abläufe nach einem Muster automatisch zu wiederholen. Der Jacquard-Webstuhl ist eine Maschine, die mit gelochten Karten aus Karton gesteuert wird. Das Schema der Lochkarte impliziert die Wiederkehr des Musters.[20] Das System wurde zum Vorbild der ersten Computerprogramme, mit denen – wie beim Weben mit der Maschine – jedes Muster generiert werden kann. Mit collageartigen Photoshop-Serien aus Papier oder beschichteten Druckmaterialien nimmt Bayrle den Entwurfsprozess digitaler Bildprogramme vorweg. Die Bilddateninhalte werden von Bayrle aufgeschlüsselt, in mehreren Schritten verarbeitet und liefern die Vorlagen für verschiedene Varianten im Akkord.

Die Bekleidung setzt Semper in Relation zur Maske und interpretiert das Ankleiden mit dem Akt der Maskierung – in Bezug zur Plastik und Baukunst.[21] Die Auseinandersetzung mit Kleidung und Textilien im Rahmen von Kunst und Architektur ist Thema seit der Moderne[22] und kulturhistorisch mit dem Theater, Kult und Religion verknüpft. Die Kleidung als Ausdruck eines Lebensgefühls, der Intelligenzija oder Zeichen sozialer und kultureller Gruppen wird zu einem Parameter der Kunst. Bayrles Muster vernetzen Bekleidung und Raum zu ornamentalen Formationen, die in Happenings aktiviert werden. In der Ausstellung *produzione Bayrle* in der Galleria Apollinaire in Mailand 1968 überzogen seine Muster den Raum, waren das Motiv für bedruckte Plastikmäntel, die vor Ort probiert oder in verschiedenen deutschen Städten um rund 25 Deutsche Mark in Kaufhäusern angeboten wurden. Das Muster – oder der Algorithmus – erfindet den Konsum.

---

18 Sennett 2008 (s. Anm. 1), 117.
19 Krauss, Rosalind, „Grids", *October* 9 1997, 50–64.
20 Kohl, Friedrich, *Geschichte der Jacquard-Maschine*, Berlin 1873.
21 Semper 1860 (s. Anm. 3), 209 ff.
22 Houze, Rebecca, „The Textile as Structural Framework: Gottfried Semper's Bekleidungsprinzip and the Case of Vienna 1900", in: *Textile* (3) 4 2006, 292–311.

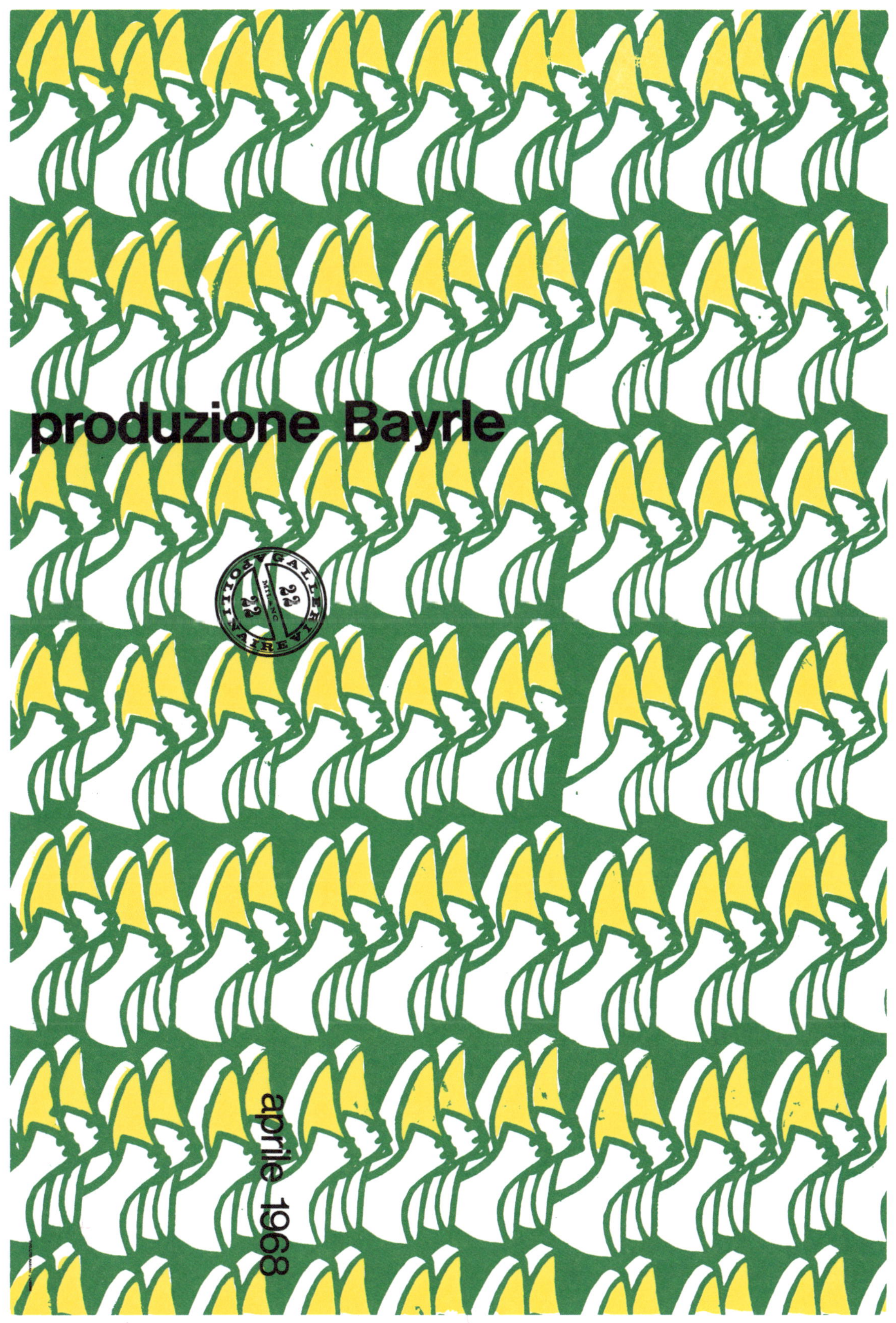

Galleria Apollinaire (produzione Bayrle), 1968; Plakat, gerahmt; Foto: Thomas Bayrle
Galleria Apollinaire (produzione Bayrle), 1968; Poster, framed; Photo: Thomas Bayrle
Courtesy of the artist

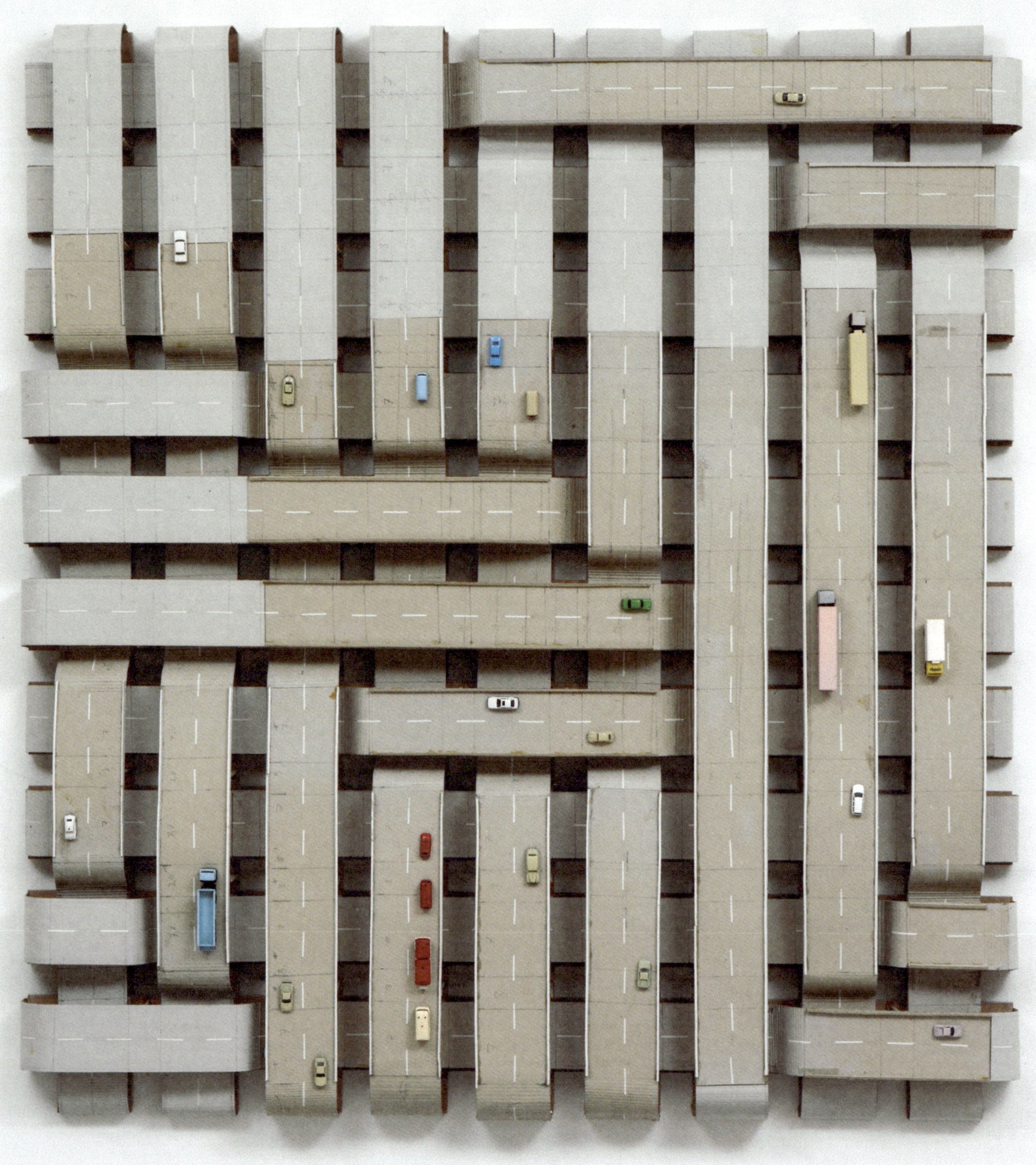

Rapport I, 1997/2005; Relief; Karton, Miniaturautos; Foto: Wolfgang Günzel
Rapport I, 1997/2005; Relief; Cardboard, miniature cars; Photo: Wolfgang Günzel
Privatsammlung Private collection

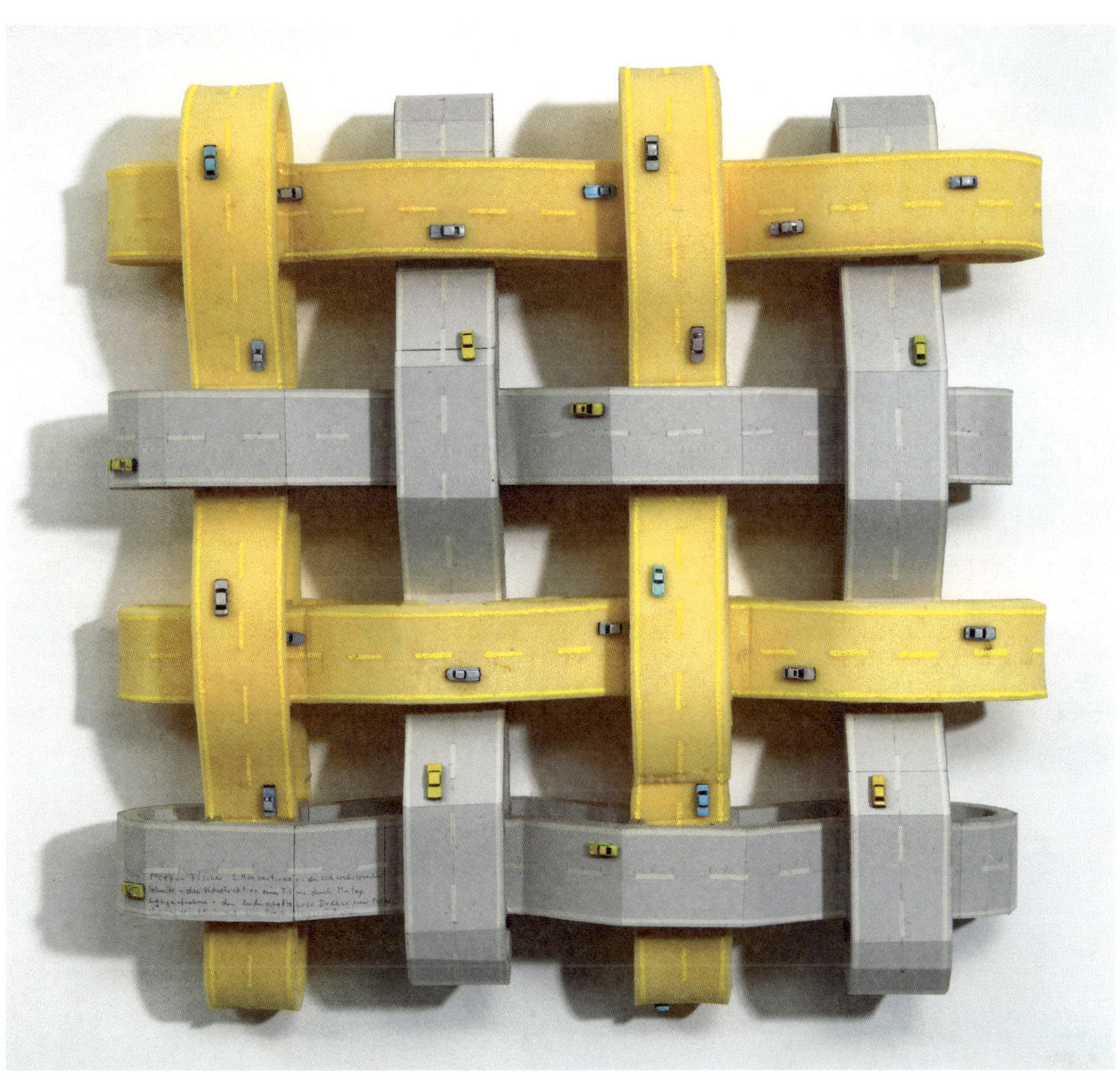

Roadmap, 2003; Pappe, Schaumstoff, Modellautos; Foto: Wolfgang Günzel
Roadmap, 2003; Pasteboard, foam, model cars; Photo: Wolfgang Günzel
Privatsammlung, Wien Private collection, Vienna

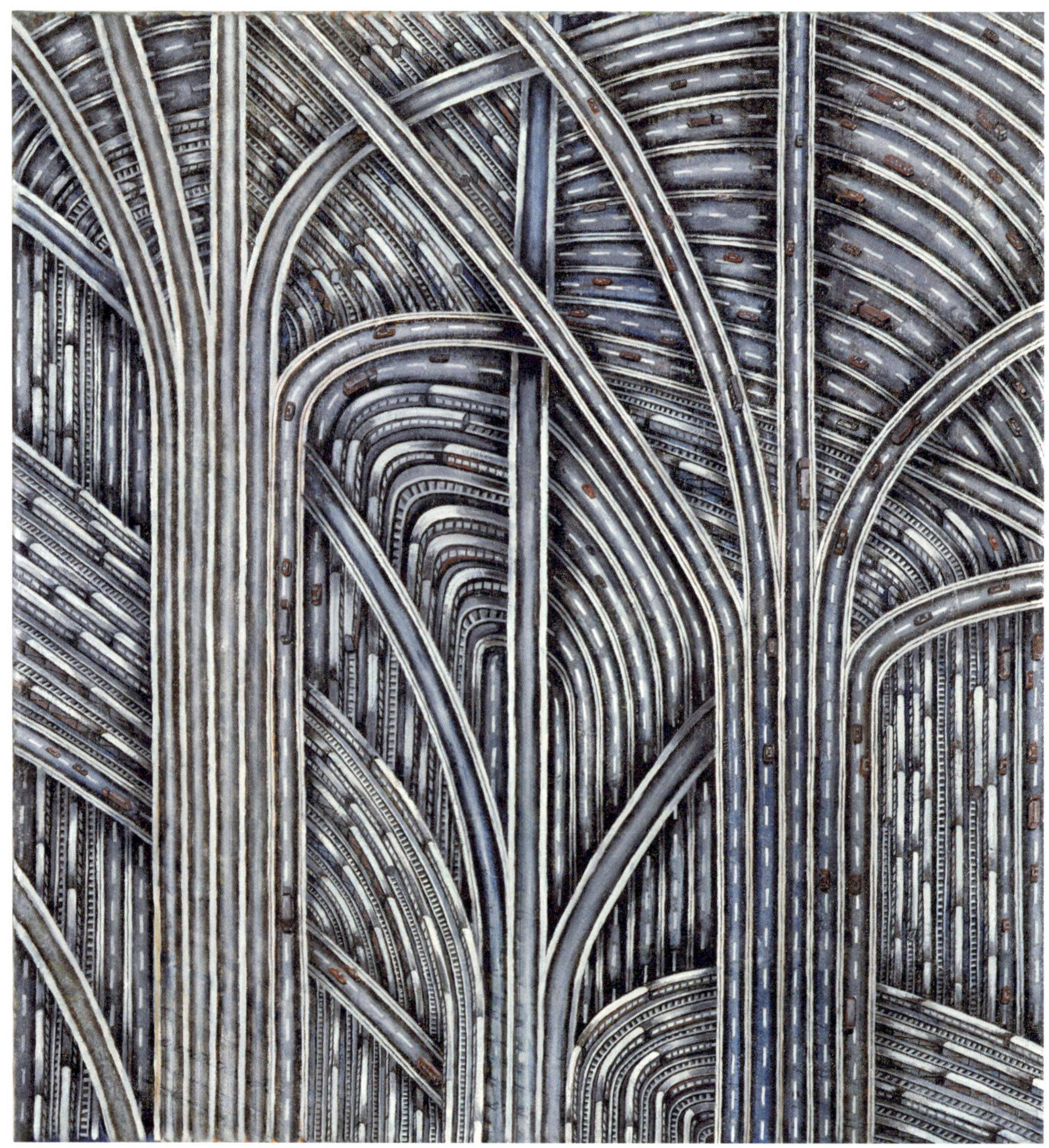

Gotischer Schinken, 1980; Öl auf Leinwand; Foto: Wolfgang Günzel
Gothic Daub, 1980; Oil on canvas; Photo: Wolfgang Günzel
Privatsammlung, Wien Private collection, Vienna

Bärbel Vischer

Text / Textile / Matrix

Just as moments of tactility are recorded by drawing,[1] textiles acquire their form via gestures. Touch, movement, and memory interact with the visual.[2] While walking through Frankfurt am Main, Thomas Bayrle (born in 1937) describes how impossible it would be to count the individual threads in a carpet—thrust between warp and weft—while weaving. A journey on a motorway across France leads to an arrangement of those threads, inspired by the album *Alina* (1999) by Arvo Pärt (born in 1935): by reducing the image, it becomes possible to translate it into the medium of textiles. In his explorations of textiles, Bayrle analyzes the structures of small cells and large systems, which rhythmically intertwine to form a matrix. In the way he artistically shifts boundaries, Bayrle is interested in honing the precision of his own language. He applies cuts, symbols, designs grids, lattices that form tones and models to measure the realm of the existent and the possible.

Bayrle's approach as a draftsman, painter, graphic designer, sculptor and his interest in contemporary artisanal and industrial production processes is influenced by his haptic and conceptual exploration of textiles. In the late 1950s he trained as a textile pattern designer and as a machine weaver for Jacquard looms. The profession of pattern designing was later replaced by computer programs; the development of this digital programming technique was in fact helped in many ways by the system of mechanical looms. Both levels—the analog and the digital—are realms of activity that delineate Bayrle's artistic production. His strategies open our eyes to the connection between the diametrically opposed realms of the analog and the digital.

In the practice-oriented publication *Der Stil in den technischen und tektonischen Künsten, oder PRAKTISCHE ÄSTHETIK. Ein Handbuch für Techniker, Künstler und Kunstfreunde* [Style in the Technical and Tectonic Arts, or PRACTICAL AESTHETICS: A handbook for technicians, artists, and art fans] (1860), the architect and theorist Gottfried Semper (1803–1879) describes the development of weaving and patterns, initially using grass and plant fibers, and later spun threads made of vegetal or animal materials: "The variety of the blades' natural colors occasioned [...] their use in alternating order and hence the pattern emerged." The ornament arises from the properties of the materials, from the interaction of color and texture.[3]

The writer Marcel Proust, who weaves portrayals of applied art into literature, observes in his novel *In Search of Lost Time* (1913–1922) the ephemeral pattern of morning light: "It adeptly pulled two trees towards itself, and with powerful shears of darkness and light it cut away half of each tree's trunk and branches, plaited the remaining halves together and made of them either a single shady pillar [...] or a single illusion of light whose artificial, glittering contours were fringed with a network of black shadows."[4]

The lyric poet Paul Celan (1920–1970) attempted to compose musical arrangements using language. In his timeless poem *Todesfuge* (translated into English as *Death Fugue*, 1944/45),

---

1   Sennett, Richard, *Handwerk*, Berlin 2008, 64.
2   Smith, T'ai, *Die Grenzen des Taktilen und des Optischen. Bauhaus-Textilien im Rahmen der Fotografie*, in: Buchmann, Sabeth/ Frank, Rike (eds.), *Textile Theorien der Moderne. Alois Riegl in der Kunstkritik*, Berlin 2015, 145–169: 164.
3   Semper, Gottfried, *Der Stil in den technischen und tektonischen Künsten, oder PRAKTISCHE ÄSTHETIK. Ein Handbuch für Techniker, Künstler und Kunstfreunde*, 2 volumes, first volume: *Textile Kunst*, Frankfurt/Main 1860, 228. Translated by Maria Slater.
4   Proust, Marcel, *Guermantes. Auf der Suche nach der verlorenen Zeit 3*, part three of the seven-part novel, E-Book edition Reclam 2014, translated from the French by Bern-Jürgen Fischer, 1406. Translated by Maria Slater.

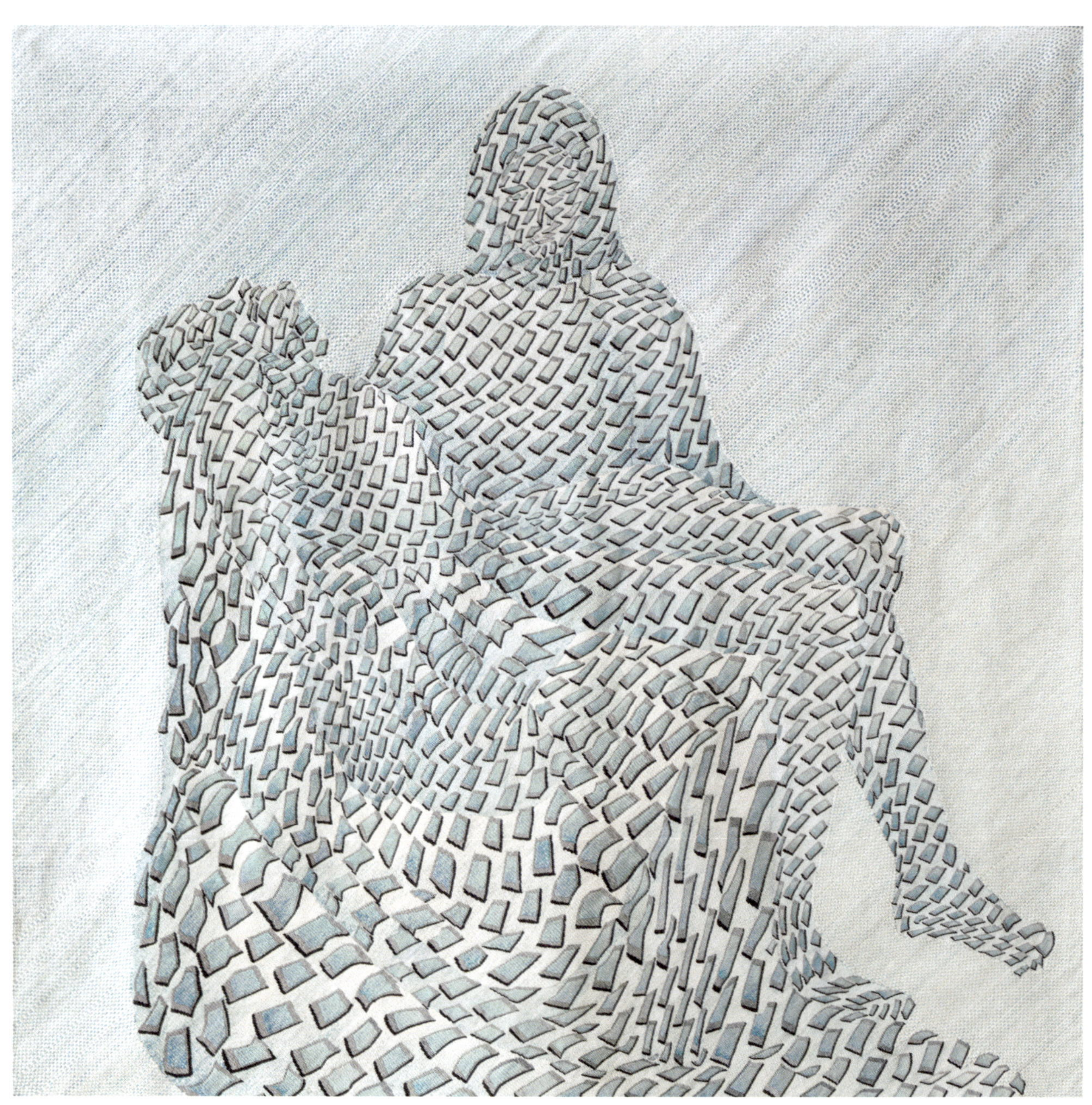

iPhone Pietà, 2017; Tapisserie: Atelier Patrick Guillot, Aubusson; Seide, Leinen, Baumwolle, Naturviskose; Foto: Nicolas Roger
iPhone Pietà, 2017; Tapestry: Atelier Patrick Guillot, Aubusson; Silk, linen, cotton, natural viscose; Photo: Nicolas Roger
Courtesy Air de Paris

a poetic ornament and cultural memory, variations of the oxymoron "Black milk of morning" are repeated like a recurring melody.[5] The beautiful and sublime in fact represents its antithesis: annihilation.[6] The layers of text in each verse echo a fugue; the rhythm resembles a dance.[7] The mind's eye draws the pattern with bodies, a dance of death.

In Bayrle's large-format work *Verdun* [Death Dance] (1987), two symbols intertwine like shadows. The cross represents the mystical and the coffin transience, emphasized by the movement and orientation of perspective in the image. The ornaments stamped on the canvas blanket the black-and-white surface like woven fabric or a cartoon. Death represents history; the coffin is the corpse's capsule. In a state of transformation, the body takes on a suggestive pose in the motif of the pietà. The dead man rests on the lap of the mother, the world. Alongside a recent work for the Hartmannswillerkopf memorial site in Alsace for soldiers who fell there during the First World War, Bayrle developed a Viennese tapestry after Michelangelo's (1475–1564) collage-like composition *Pietà* (1498/99) in St. Peter's Basilica in the Vatican, whose contradictions and shifts in iconography have proven magnetic since the Renaissance. The figures of devotion—the male and female in a balancing act—oscillate between grief and intimacy, and their candor begets new narratives. Bayrle's pietà for the memorial site is comprised of graphic white and black skulls that inundate the image like the layers of a mass grave. Drenched in blue, the ornamental image area of the *iPhone Pietà* (2017), designed especially for the MAK exhibition, was created using smartphones—simultaneously ornament, symbol, apparatus, and adornment—and translates the cultural code of the pietà into an atmospheric portrayal of social and political events. The classical icon is condensed into a symbol of our times.

It was a workshop in Aubusson (France) that dyed the materials with natural pigments and hand-wove the tapestry with various textures. The tradition of weaving collectives in the town and region dates back six centuries and connects the craft with the seams of European history, the 20th-century avant-garde, and contemporary art. Ever since it was founded over 150 years ago, the MAK has been programmatically influenced by the conceptual ideas of Semper and Alois Riegl (1858–1905), the art historian and curator of the textiles and carpets collection, both of whom explored textiles as a medium; by providing the setting for Bayrle's masterpiece, the museum now becomes the arena for a newly established interaction between art and craft, artist and weaver. In the textile work he developed for this exhibition, Bayrle follows the thread of manufacturing an experiment of artistic production and its correlation with the economy and society.

In Bayrle's two separate tapestries crafted in Aubusson, it is possible to identify a development in the production process that calls into question the model of hierarchization between fine and applied art. Design and weaving were intertwined for centuries: artists produced cardboard drawings as templates for the weavers, who in turn defined the colors and dyed the available material—wool from local sheep—with natural resources like plants, earth, and ash. However, in the 19th and 20th centuries this collaboration changed: Paradigms of authority and authorship on the part of the artist emerged in reaction to the Industrial Revolution and mechanisms of mass production as well as in order to improve efficiency in non-industrial production. A new procedure as a response to mechanical weaving interferes with the

---

5   Burger, Hermann, *Paul Celan: Auf der Suche nach der verlorenen Sprache*, Frankfurt/Main 1989, 63. Translated by
     Jerome Rothenberg.
6   Knausgård, Karl Ove, *Kämpfen*, translated from the Norwegian into German by Ulrich Sonnenberg and Paul Berf, Munich 2017, 465.
7   Burger 1989 (see note 5), 115.

customary division of labor; an open system of communication is transformed into a "closed knowledge system."[8] Every decision that could affect the artwork is now made by the artist alone: the artist not only designs the template for the tapestry, but also defines its colors. The knowledge of the weavers—who spin and dye the wool and are closely acquainted with the material's attributes—is ignored. Their task is merely to realize the tapestry, not to contemplate the artistic production process. Textiles were declared a material and weaving was no longer understood as a medium. The economic crisis in Aubusson can be traced back not only to the industrialization and globalization of the branch, but also to an artistic crisis caused by shifts within the production process. The surface of a historic Gobelin tapestry looks like a painted picture; in contrast, the predefined color grid of the works created after the reforms appears artificial and monotonous. The organic effect of the fabric is lost when colors are arranged mechanically, according to an index. The free interpretation of the interplay of colors in a tapestry was replaced by an inflexible color command.

The avant-garde tested weaving as a medium. In Aubusson, Hans alias Jean Arp (1886–1966) reacted to the discourse surrounding color by using non-colors. His abstract composition *Le siège de l'air* (1966), knotted by the Atelier Raymond Picaud, arises from the interplay of untreated cotton and the natural wool of black sheep. In their writing, both Semper and Riegl discussed the exemplary function of the carpet for a form of painting that was breaking away from figurative depiction.[9] A new exploration of textile art as a projection surface for reality is achieved by the medium of photography. Man Ray's (1890–1976) tapestry *Shadows* (1937/38) after his photograph of the same name was executed by the Atelier Pierre Legoueix. The weavers' craftsmanship is measured by their figurative depiction of reality; the image's wavelike visual structure complements the quality of the fabric.

The movements of the hands when weaving and the focus on the materiality of the materials when drawing the threads through the warp and weft generate a visual and tactile means of seeing.[10] The weavers determine the rhythm, a workflow of unvarying energy. Bayrle's cartoon for the memorial site was composed of a digital template translated in detail by the Atelier Patrick Guillot, including the fine veils laid over the image. For the Viennese tapestry, Bayrle and Guillot have continued to play with the parameters of their collaboration. The procedure underwent a "metamorphosis."[11] Here, artist and weaver worked hand in hand to translate the template into the woven image. The features of the different media and the "understanding of the material"[12] were incorporated into the design process. Bayrle reworked his drawing as a template; Guillot chose materials that yield different textures—silk, linen, cotton, or natural viscose—and defined the nuances of the various colors—white, beige, blue, green, black—for plain or mottled threads, attuned to Bayrle's palette. Guillot uses diagonal weaving—a rare, complex technique that requires great precision—to render the patterns of movement in Bayrle's design. Once the threads have been dyed and spun, the tapestry is completed in a period of six months.

In *PRAKTISCHE ÄSTHETIK*, Semper takes as his starting point the materiality of things, which only materializes through their use and their frame of reference. "A product should visibly

8   Sennett 2008 (see note 1), 41.
9   Prange, Regine, "Vom textilen Ursprung der Kunst oder: Mythologien der Fläche bei Gottfried Semper, Alois Riegl und Henri Matisse," in: Buchmann/Frank 2015 (see note 2), 107–143: 133.
10 Gaugele, Elke, "Textil und Stil. Alois Riegls Kritik an der Überhöhung der Textilkunst," in: Buchmann/Frank 2015 (see note 2), 29–49.
11 Sennett 2008 (see note 1), 163. Translated by Maria Slater.
12 Ibid. Translated by Maria Slater.

show itself to be a consequence of the material."[13] He illustrated his theories in books and studies with numerous organigrams. One of his most noted is the arrangement of an ideal museum's collection according to materials.[14] Just as he starts with the characteristics of the materials in textile art, his system for applied art also begins with the media. This is the point at which conceptual art, Dadaism, and Surrealism caught on, declaring the everyday object a material. As the exhibition was taking shape, Semper's formal model of the organigram inspired us to choose a room structure comprising four components, developed by means of free thought associations with Bayrle's oeuvre in the context of weaving.

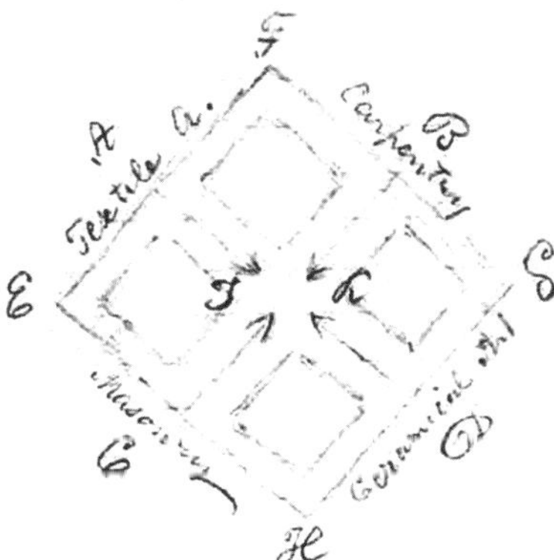

Gottfried Semper, *Plan eines idealen Museums*; Bleistiftzeichnung auf Papier; in: Gottfried Semper: *Practical Art in Metals and Hard Materials*, MAK, Wien, B.I. 1909, S. 13
Gottfried Semper, *Plan of an ideal museum*; Pencil drawing on paper; in: Gottfried Semper: *Practical Art in Metals and Hard Materials*, MAK, Wien, B.I. 1909, p. 13

On a contextual level, Bayrle's pictures, objects, sculptures, and installations correspond to socio-aesthetic models. An inspirational artistic friendship existed between him and the concept artist Peter Roehr (1944–1968), which also led to shared lines in their works. In the experimental zeitgeist of the 1960s, the Frankfurt Trio with Charlotte Posenenske (1930–1985) was interested in geometry, the serial, mass production, industrial society, the immanent abstractness of contemporary materials, media, and everyday objects.

Bayrle developed the hanging *Formation SARS* (2008) as a spatial figure—a modular structure or a code of standardized interwoven cardboard. The relief-like elements revolve around an axis; alternating views facilitate various constellations between surface and space. Through biological studies, science, and research, Semper became aware of the interconnectedness of woven fabric and structure. He positions textiles, like netting, in the functional context of architecture: it is necessary to analyze and develop textiles on the basis of three-dimensional space.[15] Archaic weaving resulted in woven fabrics for blankets, carpets, wall coverings, and suspended awnings.[16] Bayrle's work reflects Semper's and the avant-garde's practice of including the function of textiles—as interpreted by painting—as a module in architecture and space.

The knot is described by Semper as the first technical symbol. For the technical arts, the reef knot represents part of a node system that forges a bridge between nature and movement, the body, space, and architecture.[17] Bayrle thinks of the knot as a highway. The highway that

---

13 Semper 1860 (see note 3), 95. Translated by Maria Slater.
14 Semper's manuscript *Practical Art in Metals and Hard Materials* (London 1852) outlines the systematization of an ideal museum, fundamental for the conception of the new art and industry museum model.
15 Loreck, Hanne, "Gewebe und Textil als Material, Machart, Modell und Metapher," in: Buchmann/Frank 2015 (see note 2), 77–105: 81.
16 Semper 1860 (see note 3), 228.
17 Ibid., 180 f.

intersects towns, landscapes, and continents is the symbol of modern civil society, of progress, of the economy, of ideology, of the nation—a global poster child for politics in democracies and dictatorships alike, as formerly in Germany. Made of boxboard, the relief picture *$* (1980) draws the highway interchange (an autobahn "knot" in German) as a dollar sign, a byword for global power USA and political fluctuations. A droning acoustic Möbius strip, the rhythm of cast concrete slabs. In his painting *Gothic Daub* (1980), Bayrle condenses the highway into a mesh. The highway's skeleton is formed by the vaults of a cathedral whose bands of color are strung on invisible threads. Praying the rosary, a ritual that renders connections between people visible, is translated by Bayrle into prototypes of a car tire made of turned wood with ball bearings that can be set in motion like a prayer wheel.

The brushstroke is the minimal unit in the creation of a painting and simultaneously the first abstraction. When combined, those brushstrokes yield forms and structures, which Bayrle connects in his brush studies into structures and woven fabrics of various rhythms. The paintbrush—a pen, a tuft of animal hairs, or a computer mouse—is a tool that extends the hand's motor skills and translates fictions. In the mirror of machine and computer perfection, the craftsperson becomes a symbol of individuality.[18] With a brushstroke, the artist or the calligrapher commits their idea to paper without any filter.

On the day of his arrival in Vienna, Paul Celan writes his poem *Sprachgitter* (1957; translated into English by Michael Hamburger as *Language Mesh*, 1988), which recreates the ambivalence of the mesh as a means of and barrier to communication. In her analysis *Grids* (1997), the art theorist Rosalind Krauss describes the orthogonal pattern as fundamental to the development of modern art.[19] To organize areas, geometric patterns are applied in architecture similarly to in textiles. Punch cards were developed to repeat sequences automatically according to a pattern; the Jacquard loom is a machine operated by dotted cardboard cards. The design of the punch card implies the reemergence of the pattern.[20] This system became the model for the first computer programs with which—like weaving with the machine—any pattern can be generated. With collage-like Photoshop series made of paper or coated printed materials, Bayrle anticipates the design process of digital imaging programs. The contents of the image files are broken down, processed in several steps, and provide the models for several continuous piecework options.

In relation to sculpture and architecture, Semper identifies a relationship between clothing and masks, interpreting dressing as the act of masking.[21] The exploration of clothing and textiles in the context of art and architecture has been prevalent since modernism[22] and, from the perspective of cultural history, is associated with theater, cult, and religion. Clothing as an expression of an attitude towards life, the intelligentsia, or a symbol of social and cultural groups has become a parameter of art. Bayrle's patterns interlink clothing and space to create ornamental formations, activated in happenings. In the 1968 exhibition *produzione Bayrle* at the Galleria Apollinaire in Milan, his patterns covered the space and provided the motif for printed plastic coats, which were tried on in the gallery and sold in the department stores of various German cities for around 25 Marks. The pattern—or the algorithm—invents consumption.

---

18 Sennett 2008 (see note 1), 117.
19 Krauss, Rosalind, "Grids," *October* 9 1997, 50–64.
20 Kohl, Friedrich, *Geschichte der Jacquard-Maschine*, Berlin 1873.
21 Semper 1860 (see note 3), 209 ff.
22 Houze, Rebecca, "The Textile as Structural Framework: Gottfried Semper's *Bekleidungsprinzip* and the Case of Vienna 1900," in: *Textile* (3) 4 2006, 292–311.

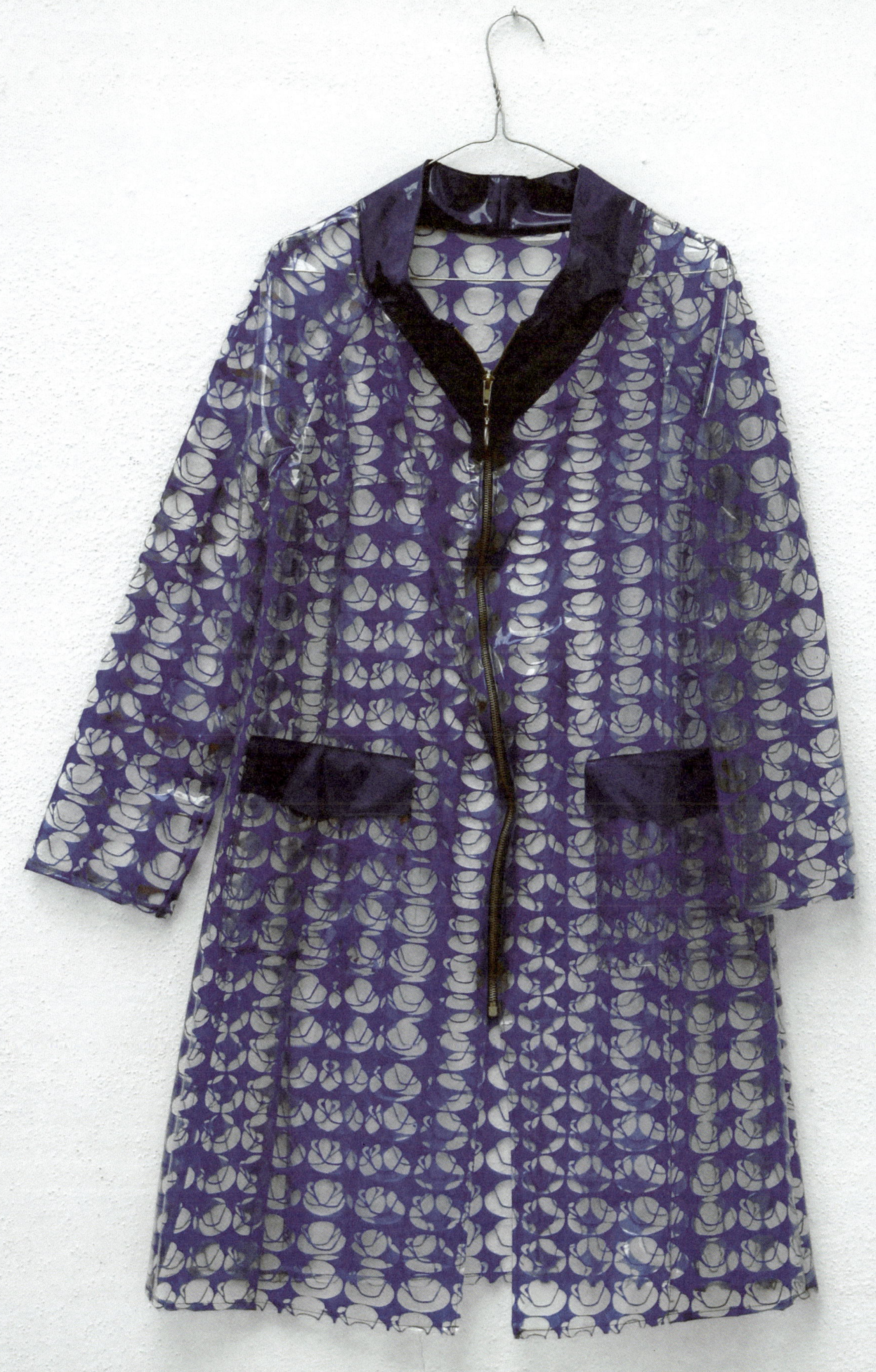

Mantel – blau, 1967; Siebdruck auf Kunststoff; Foto: Wolfgang Günzel
Coat—Blue, 1967; Silk screen on plastic; Photo: Wolfgang Günzel
Courtesy of the artist

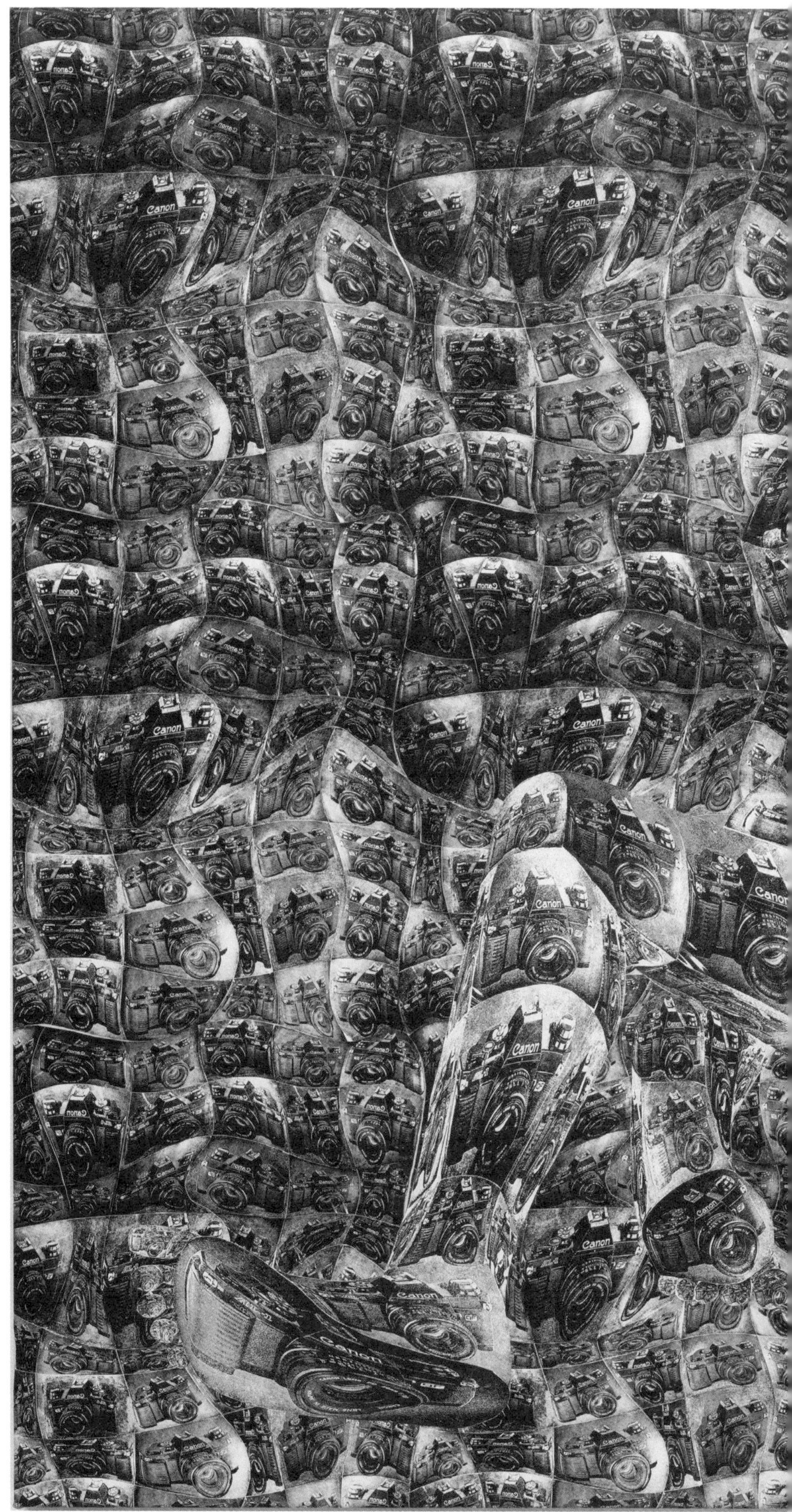

Fuck Canon, 1990;
Fotokopiencollage auf Papier;
Foto: Wolfgang Günzel
Fuck Canon, 1990;
Collage of photocopies on paper;
Photo: Wolfgang Günzel
Courtesy Gavin Brown's Enterprise

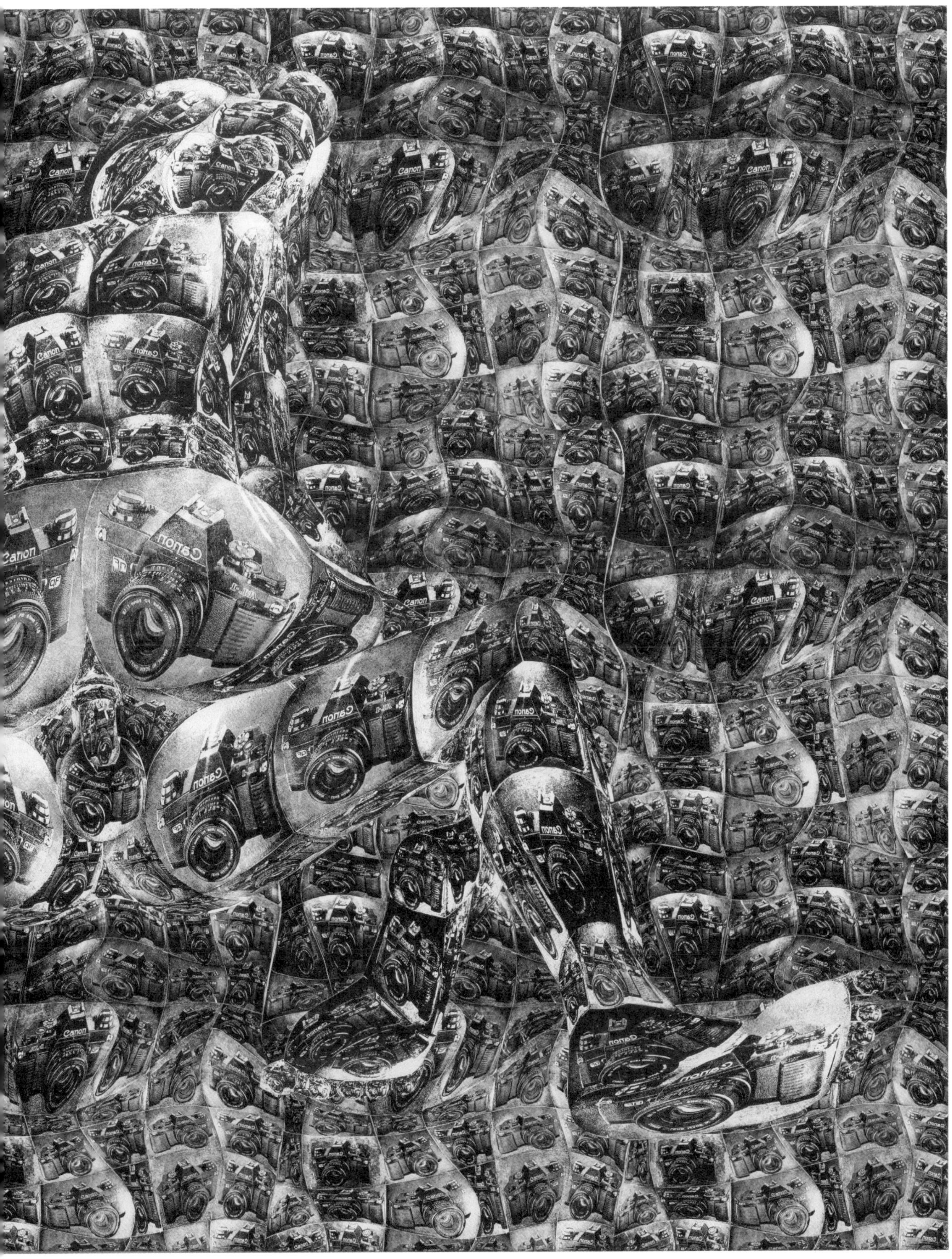

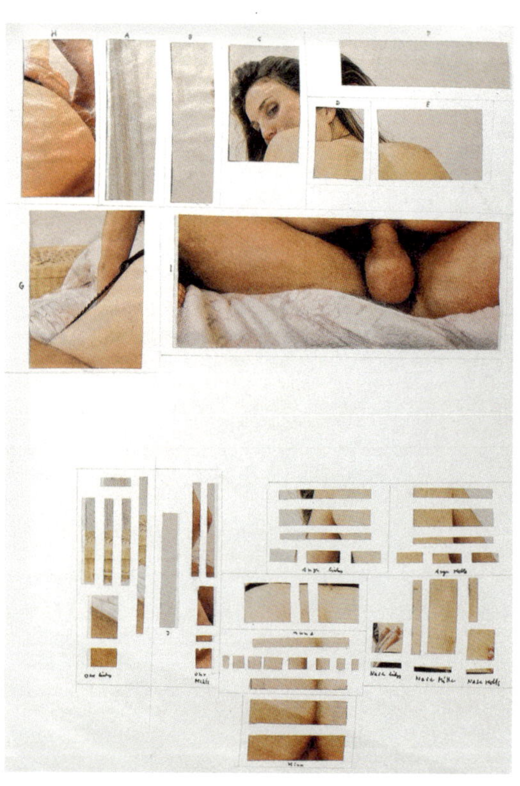

Ohne Titel, 1989; Collage auf Papier; Foto: Galerie Mezzanin
Untitled, 1989; Collage on paper; Photo: Galerie Mezzanin
Courtesy Galerie Mezzanin, Geneva

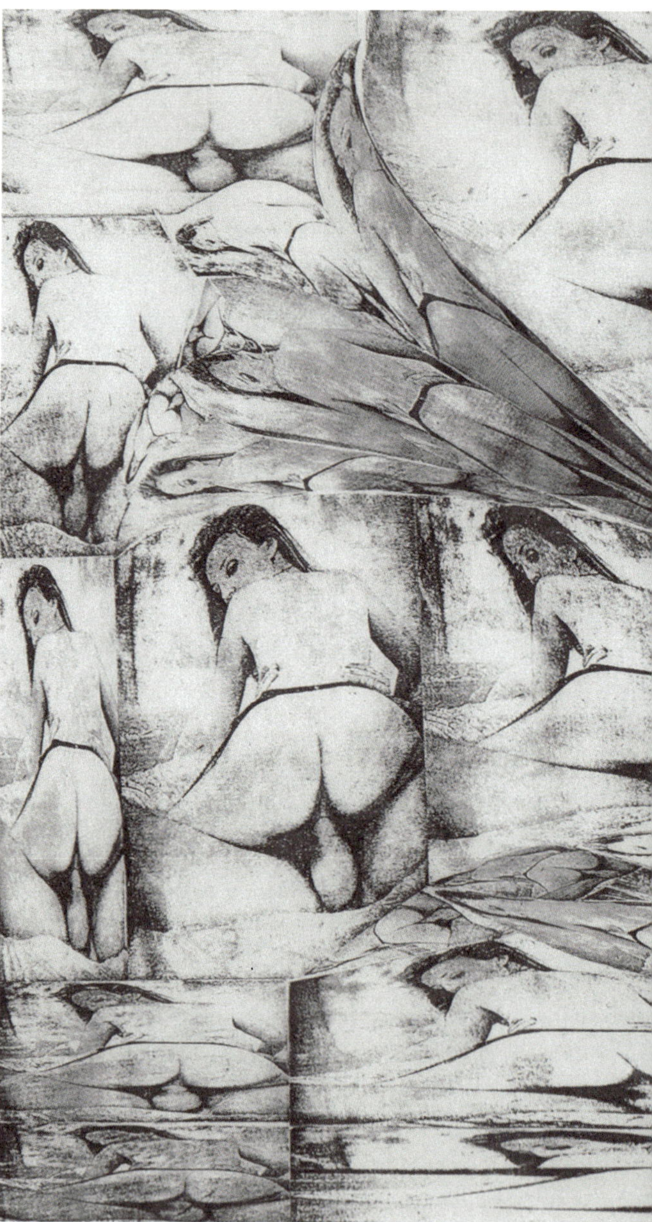

Blumen des Bösen, 1989; Fotokopiencollage auf Papier; Foto: Galerie Mezzanin
The Flowers of Evil, 1989; Collage of photocopies on paper; Photo: Galerie Mezzan
Privatsammlung Private collection

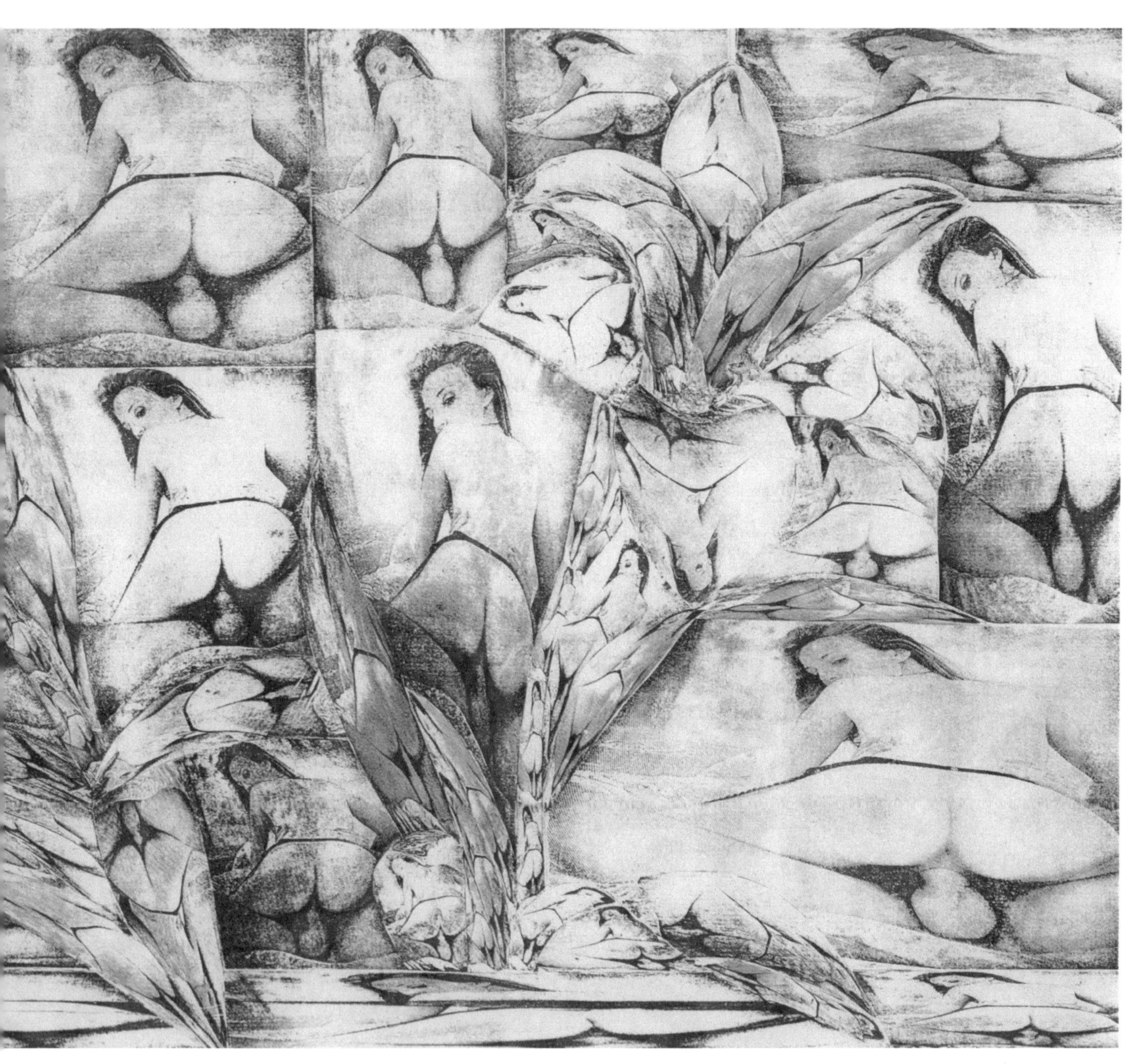

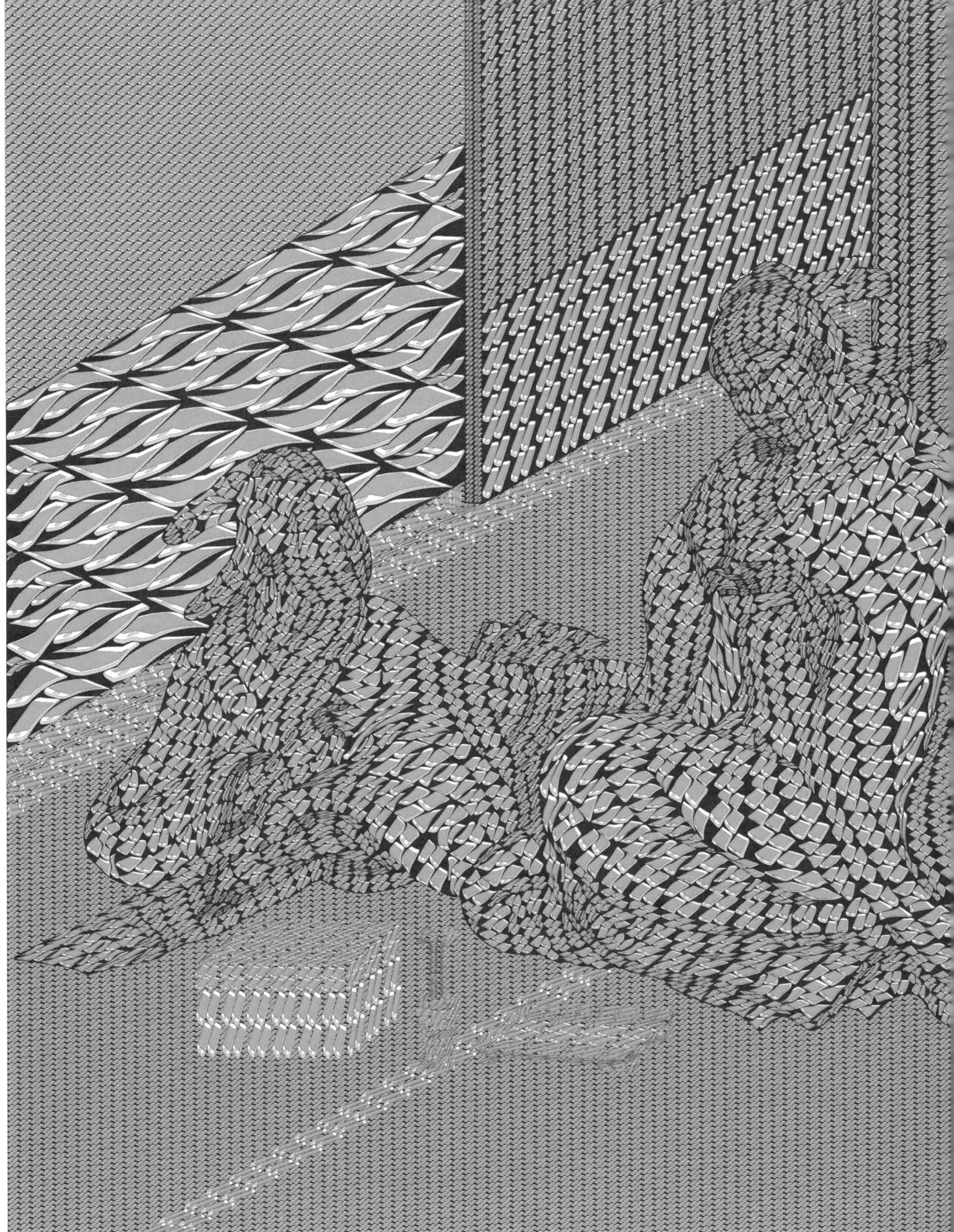

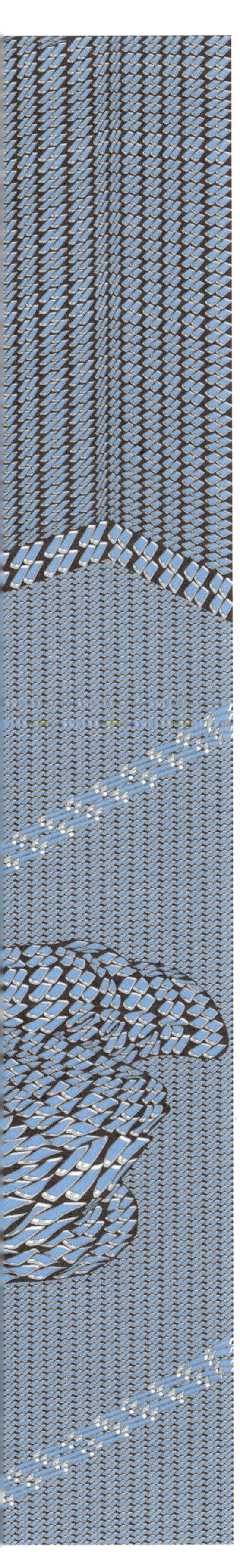

iPhone meets Japan, 2017; Begehbare Installation nach Nishikawa Sukenobu
(Entwurf um 1720); Digitaldruck auf Kunststoff; Foto: Thomas Bayrle
iPhone meets Japan, 2017; Walk-in installation after Nishikawa Sukenobu
(preliminary study from ca. 1720); Digital print on plastic; Photo: Thomas Bayrle
Courtesy of the artist

Spyros Papapetros

Thomas Bayrles Weltornament:
Geometrie, Ökonomie und kosmische Reproduktion

Ornament versus Fläche

Die subtile Rolle des Ornaments im Werk von Thomas Bayrle liegt in der Konstruktion und kontinuierlichen Wiederauflösung des Bildgrunds, der an die Oberfläche drängt, statt im Hintergrund zu bleiben; eine Fläche, die von horizontal nach vertikal wechselt, zu einem Teppich mutiert, der über dem Boden schwebt und an den Wänden eines Gebäudes hängt; ein Bildhintergrund, der diese Wand mit Stoff oder Körperteilen verbindet, als gäbe es dazwischen keine materielle Distanz. Auch ist es eine anomale, instabile Fläche, die sich über ihre starren geometrischen Vorgaben hinwegsetzt, um plastisch, rund und unregelmäßig zu werden – in einem Versuch, die Grenzen zwischen Figur und Fläche aufzulösen oder die Figur gänzlich verschwimmen zu lassen. Ihr Inhalt wird in unzählige kleine Bausteine aus gleichförmigen Objekten – Telefone, Schädel, Autos, Kühe, Äpfel oder menschliche Körper und Gesichter – übertragen, die in unterschiedlicher Größe und Ausrichtung die Konturen eines menschlichen Gesichts oder die Wölbung eines nackten oder bekleideten Körpers formen. Der Bildhintergrund bleibt präsent, auch wenn er sich in eine flache monochrome Fläche verliert, die Objekte wie in einem Vakuum schweben lässt. Die Eigenschaft einer solchen genormten Fläche ist ihr unablässiger Widerspruch.

Für Niklas Luhmann ist das Ornament vor allem ein Produkt dieses projizierten Hintergrunds. In *Die Kunst der Gesellschaft* schreibt der Philosoph: „So drängt die Malerei ihr Ornament zunächst an den Rand oder in den ohnehin ausfüllbedürftigen Hintergrund, um die Figuren hervortreten zu lassen, und entwickelt dann mit Hilfe der Zentralperspektive den Hintergrund zum offenen Raum, zur Landschaft zum Beispiel, um damit vor der Notwendigkeit zu stehen, die Funktion des Ornaments durch die Nichtbeliebigkeiten der Füllung des imaginären Bildraums zu erfüllen, bis schließlich auch die Landschaft weggelassen werden kann."[1] Das Ornament ist also die Kunst der trügerischen Substitution, inszeniert durch eine Reihe von scheinbar marginalen Objekten, die in eine den zentralen Kern einer menschlichen Figur umgebende Landschaft „gepflanzt" werden, nur um diese Landschaft und letztlich die Figur zu ersetzen, die zum Ornament wird. In seinem Essay über „Das Ornament der Masse" veranschaulicht Siegfried Kracauer, ein Autor, auf den sich Bayrle in Gesprächen berief,[2] seine Beobachtungen zu den geometrischen Feldern moderner Sport- oder Theaterveranstaltungen in Weimar mit einer treffenden Analogie aus der chinesischen Malerei: „So sind auf alten chinesischen Landschaftsbildern die Bäume, Teiche, Berge nur als dürftige ornamentale Zeichen noch getuscht."[3] Die Transformation der Landschaft in ein Feld aus geometrischen Motiven – eine Praxis, die auch an die ornamentale Gestaltung des Hintergrunds und teilweise der Figur bei Wiener Malern der Zeit um 1900 wie Klimt erinnert – signalisiert für Kracauer die „Entsubstantialisierung" und das „Herausnehmen der organischen Mitte" nicht nur aus natürlichen Objekten, sondern auch aus menschlichen Figuren, die nun als „Reste" oder kinetische Relikte erscheinen, aus denen die monumentalen Geometrien spektakulärer Massenornamente gebildet werden.[4]

---

1 Luhmann, Niklas, *Die Kunst der Gesellschaft*, Berlin 1995, 196.
2 In einer E-Mail-Konversation erwähnt Bayrle, Kracauer gelesen zu haben, neben „James Joyce, einigen Brocken von Proust und Walter Benjamin, Anfang der 1960er." Bayrle, Thomas/Miloux, Yannick, „An email conversation, November 2006 / February 2007", in: Thomas Bayrle and Fonds Régional d'Art Contemporain (FRAC) Limousin, *Thomas Bayrle: La vache qui rit*, Limoges 2007, [nicht paginiert].
3 Kracauer, Siegfried, *Das Ornament der Masse. Essays*, Frankfurt/Main 1963, 60.
4 Ebd.

So ist es bemerkenswert, dass auf dem japanischen Shunga von Nishikawa Sukenobu aus dem 18. Jahrhundert, das Bayrle als Vorlage für seine Installation *iPhone meets Japan* in der MAK-Säulenhalle verwendete, die natürliche Landschaft fehlt – wie es auch bei mehreren ähnlichen Studien desselben japanischen Künstlers in der MAK-Sammlung Asien der Fall ist – und die dargestellte Szene in einem Innenraum stattfindet. Die Natur kehrt jedoch als Ornament ins Bild zurück, das auf den abgebildeten architektonischen Oberflächen aufscheint: zum Beispiel als Holzmaserung der Schiebewand oder als großblättrige Pflanze und Zierleiste auf dem Paravent hinter dem Paar. Die Natur kehrt auch als Kleidungsornament zurück: in Form von großen Blumen, die aus dem geradlinigen Streifenmuster auf dem Kimono einer Frau hervortreten, sowie von kleineren Blumen auf dem Kleid des Mannes, der daneben liegend auf dem Boden kauert. Diese kleinen Blumen setzen sich auf der Schachtel und anderen kleinen Ziergegenständen wie dem Glasgefäß und dem Tablett, die auf dem Teppich liegen, fort. Andererseits nimmt das Ornament auch – wie auf dem Kleid der sitzenden Figur – die Geradlinigkeit der architektonischen Umgebung auf: Es reflektiert die parallelen Linien des Teppichs und des Türrahmens oder die rechtwinkeligen Bodenplatten der Brüstung. Während die plastischen Konturen der beiden Figuren und ihrer Kleidung als Gegensatz zur strengen Geometrie der Architektur erscheinen, stellt das Ornament die Ganzheit der Szene wieder her und unterbricht sie gleichzeitig mit einem kontrastierenden Rhythmus. Das Spiel der olfaktorischen Kommunikation, das durch den Austausch von Düften im japanischen Innenraum stattfindet, wird in Wirklichkeit vom Ornament geprobt, das den Raum durchdringt und den beiden Figuren erlaubt, miteinander und mit dem durchbrochenen Raum um sie herum zu kommunizieren.

Bayrles Neuauflage dieser Szene, rund drei Jahrhunderte später, macht sich die Fähigkeit des Ornaments zunutze, eine atmosphärische Umgebung zu schaffen. Alle Strukturen – der mit Teppich belegte Boden, die Holz- oder Seidenpaneele, die Kleidung, die Glas- oder Lack-Artefakte wie die Haare und Gesichter der beiden Frauen – werden durch einen einzigen ikonischen Gegenstand wiedergegeben: den flachen Apparat eines iPhone, in endloser Wiederholung und verschiedenen Größen von groß bis winzig klein. Die größten Exemplare sind die gebogenen Hand-Geräte, die sich auf den horizontalen Holzpaneelen der den Innenraum umsäumenden Plattform drängen – wie ein Fischschwarm, der aus dem Meer einer unendlichen Gleichförmigkeit emporspringt. In Bayrles Wiedergabe erscheint die Gesamtgeometrie von Sukenobus Szene noch definierter, und doch wirkt alles diffuser, da die Oberflächen ineinander sowie mit der kontinuierlichen menschlichen Masse der beiden bekleideten Körper zu verschmelzen scheinen, die sich gleichsam aus dem Bodenteppich erheben. Wie Luhmann für die atmosphärische Verwendung des Ornaments vorschlägt, werden „Übergänge unkenntlich gemacht, zumindest nicht als Brüche betont, denn jede Stelle im Ornament ist zugleich die andere einer anderen".[5]

Fast unheimlich erscheinen diese einander „unkenntlich" machenden Übergänge bei einigen von Bayrles Interpretationen des religiösen Bildmotivs der Pietà anhand von Michelangelos berühmter Skulptur. Bayrles ornamentale Bearbeitung des Werks als dichtes Gewebe aus stilisierten menschlichen Totenköpfen lässt die beiden zueinander gerichteten Körper nicht nur miteinander, sondern auch mit dem Hintergrund verschmelzen. Die plastischen Figuren werden zu Gussformen entmaterialisiert – zu Auswölbungen in einem einzigen Stück Gewebe, das beide Körper umhüllt. Dieser Schleier, der die Figuren der Madonna und des toten Christus einzuebnen scheint, hebt sie gleichzeitig als vergängliche Körper empor, die durch die

---

5   Luhmann 1995 (s. Anm. 1), 195.

ornamentale Konzentration ihre Körperlichkeit verlieren. Eine solche Entmaterialisierung in das Umfeld probt auch der aktuelle Standort von Michelangelos Skulptur in einer Kapelle des Petersdoms, wo sie vor einer Wand aus rotem Marmor steht, deren Maserung von langen geologischen Transformationen erzählt. Dieser mineralogische Hintergrund wird bei einigen von Bayrles Iterationen durch die Gegenwart ersetzt: die Autobahn, deren sich gabelnde Straßen und darauf fahrende Autos durch die Gewebefalten, die die beiden heiligen Figuren umhüllen, zu strömen scheinen. Sie ersetzen die natürliche Landschaft von Renaissancegemälden oder die geologische Maserung des Marmorhintergrunds im Petersdom mit dem geometrischen Ornament einer technischen Infrastruktur – dem anorganischen Bildgrund des Anthropozäns.

Ornament und Ökonomie

Luhmann sowie zahlreiche Architekturhistoriker und -theoretiker des 19. Jahrhunderts, darunter Gottfried Semper 1856 in seinem Vortrag „Über die formelle Gesetzmäßigkeit des Schmuckes", erinnern uns daran, dass das griechische Wort „Kosmos" ursprünglich sowohl „Weltordnung" als auch „Schmuck" (wie in „Kosmetik") bedeutete – eine Doppelbedeutung, die in den letzten zwei Jahrhunderten in der Entstehung einer neuen universellen Form von Dekoration zusammenläuft, die sich vom Körper bis hin zur urbanen Umgebung erstreckt.[6] Diese kosmische Regeneration der Ornamentierung ist durch Anhäufung von Schmuckstücken aus allen Zeitaltern und Kulturen in Museumssammlungen bedingt. Diese werden aus archäologischen Fundorten und Kolonialgebieten rund um den Globus befördert – als Relikte, die an die Stelle der Körper treten, die sie einst trugen. Neben diesen Museumsschätzen aus nicht mehr bestehenden Ornamenten erlebt die europäische Kultur zur Mitte des 19. Jahrhunderts eine explodierende Ornamentproduktion in industriellem Ausmaß von ehemals luxuriösen Ziergegenständen, die nun in großen Mengen aus billigen Materialien zu niedrigen Preisen für den Massenkonsum reproduziert werden können.[7] Das moderne Ornament ist ein Massenornament, ein Produkt, das zwischen Einzigartigkeit und Vervielfältigung, individueller Note und Kollektivität sowie ökonomischem Prestige und Wertminderung oszilliert.

In einer Serie von Arbeiten, die von der abstrakten Ikonografie der bürokratischen Ökonomie inspiriert sind und in denen Bayrle systematisch mit Finanzinformationen arbeitet, wird der linienförmige Hintergrund abstrakt und gleichzeitig figurativ, indem er ein Gesicht bekommt. Der Künstler „leiht sich" dafür eine Reihe von Finanzdokumenten, die großteils von der BfG (Bank für Gemeinwirtschaft), einem 1949 gegründeten und 2000 aufgelösten deutschen Kreditinstitut, ausgegeben wurden. In *Außenhandel* verwendet Bayrle einen „Inkasso- und/ oder Akzepteinholungsauftrag" der BfG für Exportgüter eines Frankfurter Unternehmens, das 640 Prismenfeldstecher in 21 Kisten mit dem Dampfschiff MS Königsberg von Hamburg nach Osaka lieferte. Das Dokument enthält Angaben zu einer BfG-Filiale in New York sowie den Namen und die Adresse eines Kunden bzw. Importunternehmens in Tokio, dessen Vertreter vor Ort kontaktiert werden soll, wenn der Auftrag bei Ankunft des Dampfers „unbezahlt"

---

6   Luhmann, ebd., 217, und Gottfried Semper, „Über die formelle Gesetzmäßigkeit des Schmuckes und dessen Bedeutung als Kunstsymbol", in: *Monatsschrift des Wissenschaftlichen Vereins in Zürich*, 1 (1856), 101–130; neu veröffentlicht in Semper, *Kleine Schriften*, hg. v. Hans und Manfred Semper, Berlin 1884, 304–343. Für eine englische Übersetzung des ersten Abschnitts des Essays siehe „From Concerning the Formal Principles of Ornament and Its Significance as Artistic Symbol", in Frank, Isabelle (Hg.), *The Theory of Decorative Art: An Anthology of European and American Writings, 1750–1940*, New Haven, CT 2000, 91–104 (zu „Kosmos" siehe S. 91).
7   Siehe das Kapitel „The Mechanization of Adornment" in: Giedion, Sigfried, *Mechanization Takes Command: a contribution to anonymous history*, New York/London 1969 [Erstauflage von Oxford University Press 1948], 344–363.

bleibt, um die Waren einzulagern und zu versichern. Die Daten auf dem Dokument weisen auf verschiedene Erdteile hin, dennoch wird der Text nur in drei europäischen Sprachen wiedergegeben – Deutsch, Englisch und Französisch –, was den Schluss nahelegt, dass trotz ihrer endlosen Wiederholung die sprachliche Kommunikation bei solchen globalen Transaktionen bestimmte geografische Grenzen nicht überschreitet. Ein weiteres Finanzdokument, das Bayrle bewusst „zweckentfremdet", ist ein *Börsenbericht* über „Aktienwerte und Investment-Zertifikate" großer Unternehmen wie AEG, Bayer, BASF und BMW. Auch hier verzerrt Bayrle die strenge Geometrie des Berichts, indem er die parallelen horizontalen Linien zu Segmenten eines Kurvendiagramms verbiegt, das die Konturen und Merkmale eines aus dem Gewebe numerischer Daten hervortretenden menschlichen Gesichts simuliert.

Persönlicher werden die Daten in dem Werk *Ratenkredit* (1972). Hier entstellt Bayrle einen Kreditantrag bei der BfG, der persönliche Informationen des Antragstellers wie Geburtsdatum, Arbeitgeber, Miete und monatliches Einkommen enthält. *Sparbuch* (1973) verzerrt in ähnlicher Weise die Transaktionszeilen eines Sparkontos, um daraus die drei Gesichter einer Kernfamilie – Vater, Mutter, Kind – zu zeichnen, die durch Informationen über ihre Geldabhebungen oder -einzahlungen geformt werden. Die Physiognomie einer Person wird dabei zur Gänze durch ihre oder seine ökonomischen Transaktionen (oder deren Fehlen) bestimmt – in dem Versuch, aus einem Meer von allgemeinen Informationen ein persönliches Abbild zu skizzieren. In *Eurocheque* (1973) verwertet Bayrle eine von der BfG ausgegebene Eurocheque-Karte, die am oberen Rand ein Authentifizierungsmuster aus ornamentalem Gekritzel und am unteren Rand die Textinformation „Gültig bis Ende 1973" enthält, die verdeutlicht, dass solche Dokumente ein Ablaufdatum haben, nach dessen Verstreichen sie zu nutzlosen oder vielmehr rein ornamentalen Objekten werden. Bei jedem dieser transformierten Dokumente verwandelt sich die finanzielle Abstraktion in eine exemplarische Figur, deren unpersönliche Züge durch Verzerrung des gleichmäßig standardisierten Grunds modelliert werden – ähnlich wie bei ornamentalen Kompositionen, deren Muster durch die Geometrisierung von Landschaftselementen erzeugt werden. Dies ist eine Verwandlung und Entleerung der inneren Substanz, wie sie Kracauer mit Sorge in der chinesischen Landschaftsmalerei beobachtete. Auch in *Zollstock* (1970) zeichnen gelbe Zollstöcke Wellen, die an eine Landschaft, ein Meer oder Wolkenformationen erinnern und damit auf das sich verflüssigende Ambiente anspielen, das solche geometrischen Instrumente innerhalb der starren Parameter moderner ökonomischer Netze konstruieren. Wie Luhmann feststellt, sind Ornamente „Rekursionen, Rückgriffe und Vorgriffe, die sich als solche fortsetzen" und „die Einheit von Redundanz und Varietät" erscheinen lassen. Der Soziologe überlegt: „Dabei ist ‚Redundanz' selbst ein schönes, geradezu ornamentales Wort; und es bezeichnet genau das, was hier gemeint ist – die Wiederkehr einer Welle (unda)."[8] Die wogenden Linien in den von Bayrle umgestalteten Dokumenten sind versteinerte Wellen solcher ornamentalen Redundanzen und Rekursionen, die Teil der sich regelmäßig wiederholenden Geschichte des Ornaments mit ihren Schatten, Verschüttungen oder Auslöschungen sind. Wie ArchäologInnen bestätigen würden, wissen wir vor allem deshalb so viel über die Ornamentierung in früheren Zeiten, weil ihre Zeugnisse mit ihren BesitzerInnen begraben wurden. So ist die auffälligste aller Kategorien der Produktion von Objekten unverzichtbar mit Okklusion und Unsichtbarkeit verbunden.

Eine solche Dialektik zeigt sich im Zusammenspiel zwischen Ornament und Ökonomie in der modernen Kultur, die einerseits das Ornament verbannt und andererseits von diesem Bann profitiert, um andere Formen der Ornamentierung zu produzieren. In seiner bekannten

---

8   Luhmann 1995 (s. Anm. 1), 194 f., Fußnote 41.

Strafrede gegen das Ornament argumentiert Adolf Loos zu Beginn des 20. Jahrhunderts, die „Ornament-Seuche" werde „mit Staatsgeldern subventioniert" und sei ein „Verbrechen an der Volkswirtschaft".[9] Das Ornament mache nicht nur seine KonsumentInnen „ärmer", indem es sie zwinge, „Schulden" statt „Ersparnisse" anzuhäufen, sondern bringe auch äußerst niedrige Einkommen für die „Ornamentiker" – die KunsthandwerkerInnen, die das Ornament produzierten und Ornamente in Zigarettendosen gravierten, die dann zum selben Preis verkauft würden wie glatte Metalldosen, die sich mit halbem Zeitaufwand herstellen ließen. Für Loos ist das Ornament letztlich „vergeudete Arbeitskraft" und führt zu einer „frühzeitigen Entwertung" des betreffenden Produkts.[10]

Der Bildgrund stellt also das Substrat für ökonomische Beziehungen dar, die nicht länger auf einen unsichtbaren Untergrund oder entfernten Hintergrund verwiesen werden können, sondern vielmehr danach streben, mithilfe von ornamentalen Informationsrastern auf der Oberfläche zum Ausdruck zu kommen. Angeordnet in horizontalen Linien und Spalten, rhythmisch wiederholt und doch stets variiert, spielt eine solche statistische Ornamentierung auf das an, was Luhmann als „die Einheit von Redundanz und Varietät" beschreibt, sowie auf die Gleichsetzung zwischen wirtschaftlichem Wachstum und bildlicher Abstraktion, die vielleicht am deutlichsten in Bayrles zu einem Dollarzeichen verwobenen Autobahnen porträtiert wird (*$*, 1980) – dem arabesken Parade-Ornament der westlichen kapitalistischen Moderne.

Ornament und (Infra-)Struktur

In *Gotischer Schinken* (1980–1984) zeigt Bayrle eine komplexe Anordnung von Autobahnkreuzungen, die die Säulen und ihre Verlängerungen in das baumähnliche Deckengewölbe einer gotischen Kathedrale imitiert. Luhmann merkt an: „Schon mit der gotischen Architektur war die Ornamentik ins Schlepptau von strukturellen Formerfindungen geraten, an denen sie sich zu bewähren hatte."[11] Einige ArchitekturhistorikerInnen präsentieren Beweise für eine solche „Bewährung" des Ornaments, indem sie die komplizierten Formen gotischer Kathedralen als Strukturen beschreiben, die das Ornament nachahmen (und vice versa),[12] während andere eine transhistorische ikonografische Parallele zu den Nachkriegskonstruktionen der Kuppelstrukturen von Richard Buckminster Fuller (eine weitere Referenz für Bayrle) und Pier Luigi Nervi ziehen, die ebenfalls als neue Formen von struktureller Ornamentierung beschrieben worden sind.[13]

Entgegen der im 19. Jahrhundert von deutschen Theoretikern der Tektonik eingeführten Unterscheidung zwischen „Kernform" und „Kunstform", die durch Struktur und Ornament repräsentiert werden, *ist* hier das Ornament Struktur.[14] Genau genommen, wie Bayrles „gotische" Autobahnkreuzungen zeigen, ist das Ornament auch Infrastruktur: ein tiefes geologisches Substrat, das nun vertikal über die Oberfläche der Erde transponiert wird und den Globus

---

9   Loos, Adolf, „Ornament und Verbrechen", in: *Sämtliche Schriften in zwei Bänden. Herausgegeben von Franz Glück*, Wien/München 1962, 279 f.
10 Ebd., 282 f.
11 Luhmann 1995 (s. Anm. 1), 351.
12 Siehe dazu die Beschreibung mittelalterlicher Kathedralen in Robin Evans, *The Projective Cast: Architecture and its Three Geometries*, Cambridge, MA 1995, 220–239.
13 Siehe das Kapitel „Gothic Historiography, Nineteenth century Engineering, Art Nouveau, Garden Cities: Asymmetry and Dissonance, Cantilever, Shell, and Membrane Structures" in: Bruno Zevi, *The Language of Modern Architecture*, Seattle/London 1978, 138–169.
14 Zur Unterscheidung zwischen „Kernform" und „Kunstform" in Karl Böttichers Theorie der Tektonik der Hellenen siehe das Kapitel „‚Tectonics' and the ‚Theory of Raiment'" in: Oeschlin, Werner, *Otto Wagner, Adolf Loos, and the Road to Modern Architecture*, New York 2002, 44–63.

mit gleichmäßigen geometrischen Strukturen bedeckt, die mineralische Formationen imitieren. Wilhelm Worringer, führender Kunsthistoriker des 20. Jahrhunderts auf dem Gebiet des gotischen Ornamentalismus, sieht einen psychischen Modus der „Abstraktion" als Essenz der gotischen (und implizit modernen) Kunst, die sich an einem bestimmten Typ des nordischen Verflechtungsornaments orientiere, dessen geometrisches, nicht organisches Muster höchste Lebendigkeit und Vitalität enthalte.[15] Dieselbe anorganische Lebendigkeit erstrecke sich auf die Drapierungen gotischer Figuren sowie auf die architektonischen Charakteristika gotischer Kathedralen, die wiederum an die entfremdenden Geometrien moderner Großstädte erinnerten.[16]

Die Ornamentdebatte des 20. Jahrhunderts, einschließlich Kracauers „Massenornament", ist untrennbar verbunden mit modernen urbanen Transformationen.[17] Zwölf Jahre vor seinem Essay „Das Ornament der Masse" veröffentlichte Kracauer seine Dissertation zur Entwicklung der Schmiedekunst im Fall des Gusseisenornaments in Berlin-Potsdam vom 17. bis zur Mitte des 19. Jahrhunderts.[18] Der bisherige Architekturstudent und Film- und Kulturkritiker befasste sich ausführlich mit Transformationen im Design verzierter Eisengitter an Eingangstoren, Balkonen, Treppenaufgängen und Fenstern sowie von Beleuchtungs- und Beschilderungskonstruktionen, die eine Reihe von stilistischen und ikonografischen Traditionen aus verschiedenen Jahrhunderten in sich vereinten, während sie Grenzen zwischen privatem und öffentlichem Besitz markierten und eine Schnittstelle zwischen Innen- und Außenbereichen schufen.[19] Hier hat das Gusseisenornament eine doppelte projektive Funktion: Einerseits spiegelt, erweitert oder verformt es einzelne architektonische Strukturen, wie im Fall eines verzierten Geländers, das den aufsteigenden Rhythmus einer Steintreppe wiederholt, oder eines Schutzgitters, das mit seinen gebogenen Formen die geometrische Struktur eines Fensters verwischt. Andererseits spiegeln dieselben verzierten Gitter die massiven Transformationen (sowie den unverwüstlichen Widerstand gegen die Veränderung) eines städtischen Raums in Bezug auf seine Infrastruktur wider, deren zunehmend verzweigte unterirdische Netze das Eisenornament auf seine perforierte Oberfläche projiziert. Vielleicht können wir in dieser vermittelnden Funktion des bürgerlichen Ornaments ein alternatives Motiv für Bayrles Beschäftigung nicht nur mit Autobahnen und Infrastruktur, sondern auch mit modernen Stadtlandschaften erkennen, deren Raster aus rechtwinkeligen Gebäuden und Straßen sich echohaft in einer Meereslandschaft oder einem Wald fortsetzen – den ursprünglichen, natürlichen Quellen von „Redundanz und Varietät", die nun symmetrisch von der Stadtlandschaft reflektiert werden.[20]

Das rechtwinkelige Raster der modernen Stadt fungiert tatsächlich als ein Gerüst oder sogar „Förderband" (eine weitere Apparatur, die bei Bayrle auffällt) für die erneute Entfaltung des Ornaments im privaten und öffentlichen Bereich. Nach Loos' ethnischer, kultureller und ökonomischer Anklage gegen das Ornament und seiner Verbannung von den Fassaden moderner Gebäude erlebt dieses unterdrückte Objekt eine Explosion in der Welt des Designs – in der schlichteren, abgeschwächten Form des zur Ware gewordenen Objekts. Es ist die Welt des

15 Siehe das Kapitel zum „Ornament" in: Wilhelm Worringer, *Abstraction and Empathy: A Contribution to the Psychology of Style* (erstveröffentlicht als *Abstraktion und Einfühlung*, 1908), übersetzt von Michael Bullock, New York 1953, 51–77.
16 Zu einer urbanen Interpretation von Worringers Ornament siehe Claudia Öhlschläger, *Abstraktionsdrang: Wilhelm Worringer und der Geist der Moderne*, München 2005, 170–191.
17 Zur Verbindung zwischen Ornament und Stadttheorie siehe unter anderem Michael Mönninger, *Vom Ornament zum Nationalkunstwerk: Zur Kunst und Architekturtheorie Camillo Sittes*, Wiesbaden 1998.
18 Kracauer, Siegfried, *Die Entwicklung der Schmiedekunst in Berlin-Potsdam und einigen Städten der Mark vom 17. Jahrhundert bis zum Beginn des 19. Jahrhunderts* (1915), Neuauflage, Berlin 2000.
19 Für eine seltene Interpretation von Kracauers Dissertation siehe Henrik Reeh, *Ornaments of the Metropolis: Siegfried Kracauer and Modern Urban Culture*, Cambridge, MA 2004, 64–70.
20 Ich beziehe mich hier auf Bayrles Arbeiten *Die Stadt* (1976), *Stadt am Meer* (1977) und *Stadt am Wald* (1982).

Gesamtkunstwerks der 1960er Jahre, in der Bayrle ganze Umgebungen aus Oberflächen kreiert, die mit geometrischen Ornamentmotiven in unterschiedlichen Farben bedeckt sind, basierend auf der endlosen Wiederholung desselben Gegenstands, z. B. einer Tasse mit Untertasse – bezeichnenderweise eines der ersten Artefakte, die Mitte des 19. Jahrhunderts in Massenproduktion hergestellt wurden: nach den Entwürfen bekannter ArchitektInnen und mit einem begrenzten Maß an Verzierung.[21] Bei Bayrle repliziert sich dieser schlichte Gegenstand nicht nur selbst in eine riesige Tasse mit Untertasse, sondern zieht sich auch in eine flache Oberfläche zurück, indem es auf Kleiderstoffe aufgedruckt wird – wie bei den Plastikregenmänteln, die dasselbe dekorative Muster aufweisen wie die „Tapete" hinter den weiblichen Models, die diese transparenten Stoffe tragen (*Mäntel*, 1967–1968). Für Theoretiker des 19. Jahrhunderts wie Semper war es wichtig, dass das Ornament kein flaches, entkörperlichtes Objekt war – wie die in Owen Jones' *The Grammar of Ornament* (1856) abgebildeten tapetenartigen Arrangements aus ornamentierten Fragmenten, die von Textilien und Bauwerken unterschiedlicher Nationen rund um den Globus stammten.[22] Semper interessierte sich vielmehr für Schmuckstücke, die nicht nur an einem menschlichen Körper angebracht wurden, sondern auch selbst einen Körper besaßen – einen beweglichen Körper mit einem bestimmten Gewicht und physischen Maßen, der Abdrücke oder Spuren in der Welt hinterlassen konnte. In Bayrles Umgebungen beobachten wir hingegen eine Fluktuation des Ornaments zwischen dem massiven Objekt und der Oberfläche, zwischen der Sache und ihrem Abbild auf Kleidung oder anderen Oberflächen, auf denen sie reproduziert wird, das ebenso virtuell und ebenso real wie das eines dreidimensionalen Objekts ist. Hier befinden wir uns am Übergang von faktischen Finanzdaten zur Dreidimensionalität von Artefakten und den multidirektionalen Umgebungen, die sie erzeugen.

Ornament und Gebrauchsgegenstand

Die Loslösung des Ornaments von der Funktion war einer der Hauptfaktoren für seine Abwertung in der Moderne des 20. Jahrhunderts. Im Gegensatz zum Gebrauchsgegenstand wurde das Ornament „nur" als Dekoration verstanden, die keinen anderen Zweck als die Verschönerung erfüllte. In Museen wurden Artefakte aus verschiedenen Kulturen in Waffen, Geräte, Schmuck und Tracht unterteilt, auch wenn diese Differenzierung offensichtlich zu kurz griff und ArchäologInnen bereits wussten, dass die ersten Gebrauchsgegenstände und Waffen aus ur- und frühgeschichtlichen Zeiten häufig verziert waren. Die Schädel, die die Oberflächen von Bayrles Arbeiten füllen, waren einst solche vielseitigen Gebrauchsgegenstände und Ornamente. In seinem unveröffentlichten Manuskript „Magic Architecture" veranschaulichte der Architekt Friedrich Kiesler die „Transformation" von praktischen oder funktionalen Werkzeugen in Schmuck anhand einer schematischen Illustration, die zeigt, wie der Unterkiefer eines menschlichen Schädels zunächst als Werkzeug und Waffe genutzt und später mit Löchern versehen und als Schmuck getragen wurde, wofür an den Zähnen des Knochenfragments Schnüre mit „Nüssen" befestigt wurden.[23] Die Knochen in Bayrles Arbeiten – wie in einer weiteren Interpretation der *Pietà*, bei der beide Figuren mit einem Gewebe

---

21 Siehe Giedions Ausführungen zu einem beliebten, von Henry Cole entworfenen Teeservice in *Mechanization Takes Command* (Giedion 1969, s. Anm. 7, 351).

22 Siehe Semper, „From Concerning the Formal Principles of Ornament" (s. Anm. 6), und Owen Jones, *The Grammar of Ornament* (1856), Neuauflage, Paris 2001.

23 Kiesler, Frederick J., *Magic Architecture. Origin and Future. The Story of Human Housing*, unveröffentlichtes Buchmanuskript (ca. 1941–1947) [im Folgenden als MA zitiert], Archiv der Österreichischen Friedrich und Lillian Kiesler-Privatstiftung in Wien. Für eine Abbildung dieser Grafik siehe *Friedrich Kiesler. Lebenswelten / Frederick Kiesler: Life Visions*, hg. v. Dieter Bogner, Bärbel Vischer u. a., Basel 2016, 71.

aus verflochtenen, langgezogenen Knochen zu verschmelzen scheinen (*Pietà 2*) – lassen den körperlichen Ursprung von anorganischen Werkzeugen und menschlichen Technologien erkennen, die sich durch Strategien der rhythmischen Wiederholung oder durch das, was Luhmann als das in den Wellen des Ornaments versteinerte Wechselspiel zwischen „Redundanz und Varietät" beschreibt, ent-organifizieren und letztlich ornamentalisieren.[24]

Was wir bei Bayrles vielfältigen Redundanzen tatsächlich erleben, ist die massive Rückkehr des Ornaments als Gebrauchsgegenstand (und vice versa). So werden beispielsweise die ikonischen Wählscheibentelefone in seinen Arbeiten aus den 1970er Jahren (wie in *Telefonbau – Normalzeit*, 1970) als Instrumente (und nun Relikte) der Telekommunikation zu den endlos wiederholten Bausteinen eines menschlichen Porträts umfunktioniert. Diese scheinbar abweichende Verwendung des Telefons macht es schrittweise zum Ornament – durch seine rhythmische Anhäufung oder das, was der Künstler und Designer László Moholy-Nagy als „Faktur" beschreiben würde: die Spuren der industriellen Bearbeitung auf der Oberfläche von maschinell reproduzierten Artefakten nach dem tektonischen Verfahren der seriellen Wiederholung und Stapelung. Diese (un)auffällige Ornamentalisierung sollte sich tatsächlich als visionär erweisen, was die Veralterung des Wählscheibentelefons und seine Verdrängung durch das stationäre Tastentelefon, dann das Mobiltelefon und heute das iPhone betrifft – dieser äußerst vielseitige Gebrauchsgegenstand/Ornament-Gerät, das in Bayrles jüngeren Arbeiten neben menschlichen Schädeln allgegenwärtig ist, womit er das älteste mit dem neuesten menschlichen Werkzeug verbindet und die Korrespondenz zwischen „lebendigem" Gebrauchsgegenstand und totem Ornament oder symbolischem Relikt erkennen lässt. Ob durch iPhones oder Schädel und Knochen verbunden – die Oberfläche von Bayrles Pietà und anderen tatsächlichen oder metaphorischen Geweben hat grundsätzlich „zwei Gesichter".

Ein ähnlicher Prozess der Austauschbarkeit und ständigen Substitution scheint die von Bayrle verwendeten Objekte zu de-instrumentalisieren: Telefone geben ihren Platz nicht nur an technisch weiterentwickelte Telefone ab, sondern auch an deutsche Biergläser, Autos, Hüte, Kleidungsstücke und menschliche Gesichter, die sich versammeln, um gleiche oder ähnliche Konstellationen aus homogenen Objektmodulen zu bilden. Einerseits besitzt jede Art von Körper oder Artefakt, die endlos wiederholt wird, ein gewisses Maß an Einzigartigkeit und Eigenart, andererseits entsteht ein Eindruck von Gleichförmigkeit oder Gleichwertigkeit, der jedes Artefakt durch ein anderes Objekt austauschbar macht. Es gibt in diesen Kompositionen keinen „Rand", aus dem das Ornament, wie Luhmann es sich vorstellte, hervortreten würde. In seiner theoretischen Betrachtung zur Entwicklung des Ornaments unterscheidet der Kunsthistoriker Alois Riegl in seinen *Stilfragen* zwischen den „Achsen"-Koordinaten eines dekorativen Musters und dessen „Füllmotiven" – Objekten oder Ornamenten, die die Räume zwischen den Hauptachsen der dekorativen Komposition füllen.[25] Die in Bayrles Objektfeldern seriell wiederholten Objekte dienen jedoch sowohl als Achsen als auch als Füllmaterial. Es gibt im Grunde keine von einzelnen Motiven „auszufüllenden" Räume, da die gesamte Oberfläche eine kontinuierliche, direktionale Struktur aus dicht aneinandergereihten Körpern oder Figuren ist.

Der vielleicht unheimlichste dieser sanften ornamentalen Übergänge ist die Austauschbarkeit zwischen Artefakten menschlicher Technologie und menschlichen Körpern oder Objekten

---

24 Für eine vollständige Geschichte der Verwendung von Knochen in der modernen und zeitgenössischen Kunst siehe Sebastian Hackenschmidt, *Knochen. Ein Material der zeitgenössischen Kunst*, München 2014.

25 Siehe die Beschreibung des Prinzips der axialen Füllung in Alois Riegl, *Stilfragen: Grundlegungen zu einer Geschichte der Ornamentik*, Berlin 1893 (*Problems of Style: Foundations for a History of Ornament*, englische Übersetzung von Evelyn Kain, Princeton, NJ 1992, 64 f.).

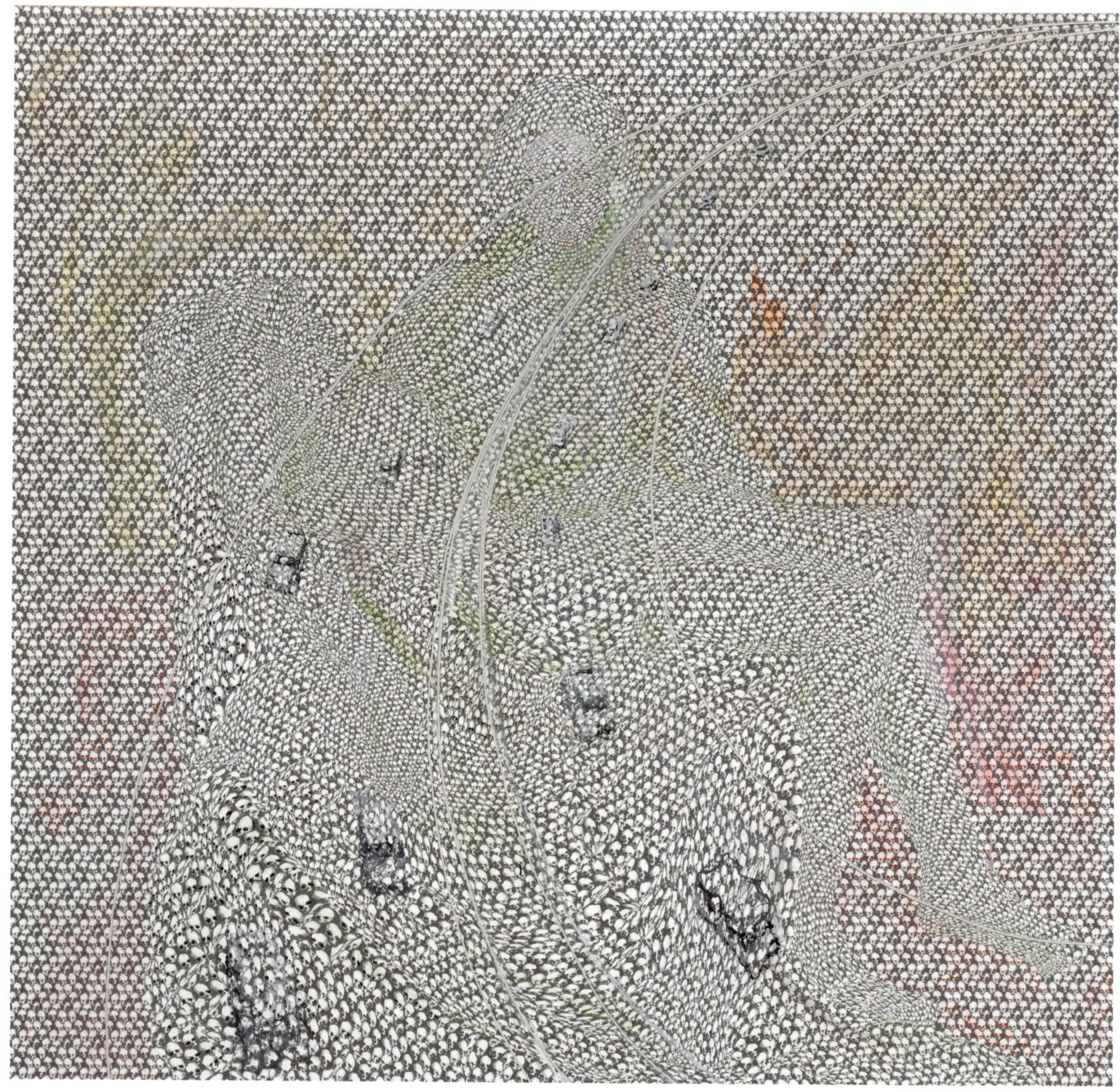

World War I (plastische Autobahn auf Totenköpfen), 2016; Acrylmalerei, Karton, Digitaldruck auf Leinwand; Foto: Wolfgang Günzel
World War I [Plastic Highway on Skulls], 2016; Acrylic paint, cardboard, digital print on canvas; Photo: Wolfgang Günzel
Courtesy Air de Paris

aus der Natur. Letztere sind beispielsweise Birnen, Äpfel oder Kartoffeln, die in Bayrles „Superformen" auftauchen und aussehen, als wären sie – wie die Telefone – ebenfalls von Maschinen gefertigt. In seiner Geschichte der maschinellen Produktion, die er Anfang der 1940er Jahre in den USA verfasste, wies der Architekturhistoriker Sigfried Giedion auf die „Reduzierung von Obst auf wenige Sorten" hin, die alle gleich schmeckten und aussähen, bis zu dem Maße, dass beim Besuch „einer Obstplantage mit 42.000 Bäumen [...] die Äpfel so gleichförmig aussahen, als wären sie von einer Maschine ausgestanzt worden."[26] In Lebensmittelgeschäften gleichmäßig aufgeschichtet, würden diese exemplarischen Äpfel die geraden Reihen und Flächen des modernen Ackerbaus in die dreidimensionalen Strukturen der modernen Marktwirtschaft übertragen.

Zwischen Feld und Markt steht die Zwischenstufe der Verpackung und Distribution. Sie ist der Moment, in dem das Naturprodukt die uniforme Gestalt des Marktprodukts annimmt. In *Apfelbrei* (1973) formt Bayrle einen großen grünen Apfel aus Körben voller grüner Äpfel, während sich in *Distribution Birne* (1971) eine große Birne aus einer Fläche aus endlosen Reihen von LKWs wölbt, die mit symmetrisch angeordneten Birnen beladen sind. Alle Äpfel und Birnen sehen gleich aus, dennoch sind sie unterschiedlich groß, um in die runde Form der Superfrucht zu passen, die sich nun aus ihren Behältnissen zusammenfügt, womit einmal mehr Luhmanns Thema der „Redundanz und Varietät" heraufbeschworen wird, das hier nicht nur eine ornamentale, sondern auch eine tektonische Bedeutung annimmt. Äpfel bilden einen größeren Apfel und Birnen eine riesige Birne: Hier zeigt sich erneut der homologische, selbstreplizierende Prozess des ornamentalen Wachstums, der durch Wiederholung und Variation desselben Ornamentmotivs neue Ornamente generiert. Wie Aby Warburg 1893 in seiner Dissertation zur Darstellung von „bewegtem Beiwerk" in der Renaissancemalerei aufzeigt, erzeuge ein gezeichneter oder verbaler Schnörkel einen weiteren Schnörkel, indem er die vorherigen fortsetze – in einer endlosen Spirale unendlicher und doch vielfältiger Wiederholung.[27] Bayrles „Superformen" sind im Grunde „Objekte im Quadrat" – Objekte, die durch die Multiplikation derselben Objekte und deren Anordnung nach „dynamischen Symmetrien" in proportional gegliederten Konstellationen entstehen.[28]

Dieselbe iterative Struktur ließe sich auch als „skeuomorpher" Ornamenttyp beschreiben: ein dekoratives Muster, das – anstelle die Form einer Pflanze, eines Tiers oder einer menschlichen Figur zu imitieren, wie es in vegetabiler, zoomorpher oder anthropomorpher Dekoration der Fall ist – die Form eines anderen Objekts reflektiert, meist eines Gebrauchsgegenstands („Skeuos"), mit dem das Ornament dieselbe Form teilt, ohne dessen frühere Funktion zu besitzen.[29] In Bayrles Werken tritt jedoch ein umgekehrter Prozess auf, bei dem die endlose Wiederholung eines Objekts – sei es ein Telefon oder ein Apfel – ein größeres Ornament erzeugt, das wiederum den Gegenstand, aus dem es besteht, entgegenständlicht und somit ornamentalisiert. Anstelle eines Skeuomorphismus beobachten wir hier einen sich ausbreitenden Dekorativismus, in dem Gebrauchsgegenstände und Geräte zunehmend die Form und – noch wichtiger – die strukturelle Logik der Ornamentierung annehmen.

---

26 Giedion 1969 (s. Anm. 7), 132 f.

27 Aby Warburg, „Sandro Botticelli's *Birth of Venus* and *Spring*", in: *The Renewal of Pagan Antiquity*, Einführung von Kurt W. Forster, übersetzt von David Britt, Los Angeles 1999, 89–156.

28 Hier beziehe ich mich auf die Terminologie und die Verwendung von Wurzel und Quadrat in Jay Hambidge, *Dynamic Symmetry: The Greek Vase*, New Haven, CT 1920.

29 Siehe beispielsweise die Erörterung zu Schildkrötenpanzer-Angelhaken als Ornamente auf den Torres-Straits-Inseln in Alfred Haddon, *Evolution in Art as illustrated by the Life Histories of Designs*, London 1914, 76 f.

Ornament und Mensch

Das ultimative Objekt in dieser Reihe von austauschbaren industrialisierten Artefakten und/
oder „Naturprodukten" ist die menschliche Figur, die als endlos multipliziertes Gesicht oder
ganzer Körper in Erscheinung tritt. Bekleidet oder nackt, doch immer in einer bezeichnenden
direktionalen Pose, kann die Wiederholung dieses Körpers das Tier- oder Objektsymbol
einer Flagge formen – ähnlich wie die sich bewegenden menschlichen Teppiche der in totali-
tären Regimes regelmäßig vorgeführten Militärparaden. In seiner Abhandlung von 1856 über
die „Gesetzmäßigkeit des Schmucks" unterschied Semper drei universelle Kategorien von
Schmuckgegenständen: Ring, Behang und „Richtungsschmuck", wobei letzterer die Richtung der Bewegung betont, die der Träger des Schmucks ausführt oder andeutet. Beispiele
dafür sind Federschmuck auf einer kriegerischen Kopfbedeckung oder Akroteria auf Kriegs-
schiffen und antiken Tempeln.[30] Bei Bayrle dienen die schreitenden, marschierenden oder
Lasso schwingenden Körper von ArbeiterInnen, SoldatInnen und „Marxist Leninist Cowboys"[31]
als direktionale „Massenornamente", die das größere Ornament als menschliche Flagge oder
Teppich bilden. Die Figuren in der vordersten Reihe simulieren dabei die kleinen Quasten
dieses menschlichen Textils.

Ein weiteres formales Konzept, das sich aus Riegls Ornamenttheorie in seinen *Stilfragen*
erkennen lässt, ist der „unendliche Rapport": die scheinbar endlose Wiederholung eines ein-
fachen geometrischen Musters, dessen Linien oder Körper miteinander korrespondieren, um
ein dichtes Raster aus orthogonalen oder diagonalen Achsen zu formen, das innerhalb eines
begrenzten Raums den Eindruck von Unendlichkeit vermittelt.[32] Die meisten dieser endlos
korrespondierenden Verzierungen bestehen aus abstrakten geometrischen Motiven, daher
erstaunt es, wenn auf den letzten Seiten von Riegls Studie nach einer langen Sequenz von
stilisierten Pflanzenmotiven aus Lotos-, Ranken- und Arabeskenornamenten, die zu den abstrakten Formen des unendlichen Rapports führen, eine Zeichnung der griechisch-römischen
Stuckverzierung eines Deckengewölbes aus Pompeji zu sehen ist, in der plötzlich menschliche
allegorische Figuren in rhythmischem Wechsel im Inneren der runden oder vieleckigen
Fenster auftauchen, die von den Achsen des geometrischen Rasters umrahmt werden.[33] Die
antike Gewölbedecke des Kunsthistorikers bringt eine moderne Perspektive ins Spiel. Wenn
die menschliche Figur auf die Bühne der Weltdarstellung zurückkehren soll, kann sie dies nur
als Ornament, gebunden an dieselben physikalischen Gesetze wie jene der Pflanzen- und
Tierkörper, die von externen kosmischen Kräften geformt werden.

Wie von Semper, Loos und Kracauer analysiert und in Bayrles „Superformen" visuell reflektiert,
reichen diese Potenziale von der Schwerkraft der Natur bis hin zur entmaterialisierenden
Leichtigkeit der menschlichen Ökonomie und der abstrakten Fluidität der industriellen Reproduktion. Vom Italien der Renaissance über das Japan des 18. Jahrhunderts bis ins Nachkriegs-
deutschland, die USA, Korea, die ehemalige UdSSR und China spielt Bayrles Weltornament ein
allegorisches kosmologisches Design nach, das die aktuelle Weltordnung mit den dekorativen
Systemen ihrer Artefakte verwebt. Dies ist vielleicht das kosmische Vermächtnis der von Loos
beklagten „vergeudeten Arbeitskraft" des Ornaments, die über die kritische Reproduktion in
der Kunst zumindest teilweise wiedergewonnen werden könnte.

---

30 Zum „Richtungsschmuck" siehe Semper 1895 (s. Anm. 6), 13 ff.
31 Ich beziehe mich hier auf Bayrles Arbeiten *Die Milk-Brothers melken die Kuh* (1969) und *ML (Marxist Leninist Cowboys)*,
    (1968/2009).
32 Riegl 1893 (s. Anm. 25; *Problems of Style: Foundations for a History of Ornament*, englische Übersetzung von Evelyn Kain,
    Princeton, NJ 1992, 272 f.).
33 Siehe die Illustration einer mehrfarbigen Gewölbe-Stuckverzierung aus dem Apodyterium der Stabianer Thermen in Pompeji in
    Riegl, ebd. (*Problems of Style: Foundations for a History of Ornament*, englische Übersetzung von Evelyn Kain, Princeton,
    NJ 1992, 276).

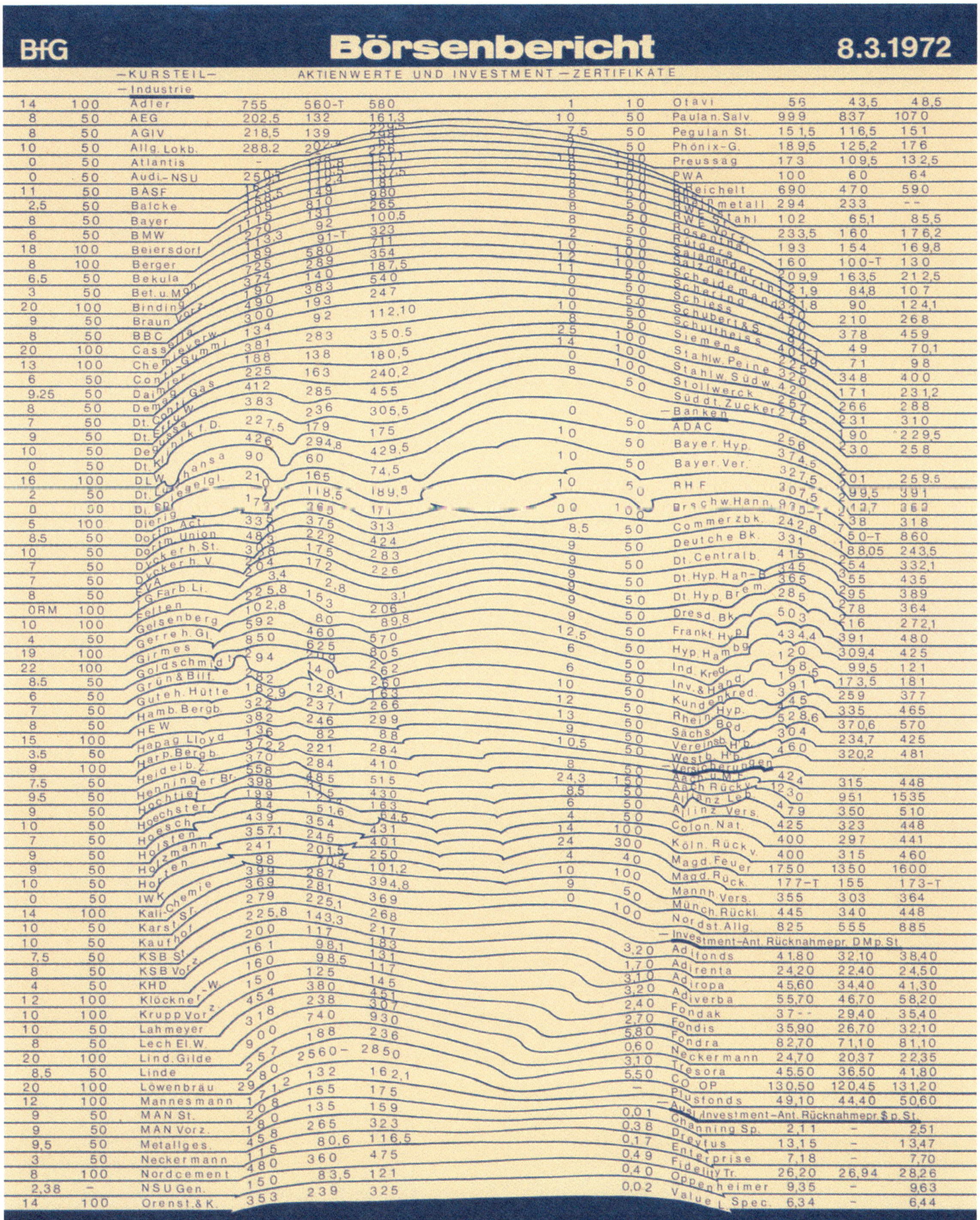

—KURSTEIL—
—Industrie
AKTIENWERTE UND INVESTMENT —ZERTIFIKATE

Div.	Nennw.	Name			
14	100	Adler	755	560-T	580
8	50	AEG	202,5	132	161,3
8	50	AGIV	218,5	139	228
10	50	Allg. Lokb.	288,2	202	226
0	50	Atlantis	-	108	125
0	50	Audi-NSU	250	104	132
11	50	BASF	185	149	980
2,5	50	Balcke	308	810	265
8	50	Bayer	1115	131	100,5
6	50	BMW	273,3	91-T	323
18	100	Beiersdorf	189	580	711
8	100	Berger	725	289	354
6,5	50	Bekula	374	140	187,5
3	50	Bet.u.M.	197	383	540
20	100	Binding Vorz.	490	193	247
9	50	Braun	300	92	112,10
8	50	BBC	134	283	350,5
20	100	Cassella verw.	381	[illegible]	[illegible]
13	100	Chem.-Gummi	188	138	180,5
6	50	Conti	225	163	240,2
9,25	50	Daimag Gas	412	285	455
8	50	Demag	383	236	305,5
7	50	Dt. Cont.W	227,5	179	175
9	50	Dt. Eisa f.D.	426	294,8	429,5
10	50	Degussa	90	60	74,5
0	50	Dt. Kl.	210	165	[illegible]
16	100	DLW	21	118,5	189,5
2	50	Dt. Spiegelgl.	179	260	171
0	50	Dt. SP.	172	[illegible]	[illegible]
5	100	Dierig	335	375	313
8,5	50	Dortm. Act.	483	222	424
10	50	Dortm. Union	308	175	283
7	50	Dücker h.St.	204	172	226
7	50	Dücker h.V.	3,4	2,8	3,1
8	50	DVA	225,8	153	[illegible]
0RM	100	EG Farb.Li.	102,8	[illegible]	206
10	100	Felten	592	80	89,8
4	50	Gelsenberg	850	460	570
19	100	Gerresh.Gl.	[illegible]	625	805
22	100	Girmes	294	219	262
8,5	50	Goldschmidt	282	140	[illegible]
6	50	Grün & Bilf.	1829	128,1	163
7	50	Guteh. Hütte	322	237	266
8	50	Hamb. Bergb.	382	246	299
15	100	HEW	136	82	88
3,5	50	Hapag Lloyd	372,2	221	284
9	100	Harp. Bergb.	370	284	410
7,5	50	Heidelb. Z.	558	485	515
9,5	50	Henninger Br.	398	315	430
9	50	Hochtief	199	125	163
10	50	Hoechster	84	51,6	64,5
7	50	Hoesch	439	354	431
9	50	Holsten	357,1	245	401
9	50	Holzmann	241	201,5	250
10	50	Hol.	98	70,5	101,2
0	50	Hof.	399	287	394,8
14	100	IWKA	369	281	369
10	50	Kali-Chemie St.	279	225,1	268
10	50	Karstadt	225,8	143,3	217
7,5	50	Kaufhof	200	117	183
8	50	KSB St.	161	98,1	131
4	50	KSB Vorz.	160	98,5	117
12	100	KHD	150	125	145
10	100	Klöckner W	454	380	451
10	50	Krupp Vorz.	318	238	307
8	50	Lahmeyer	900	740	930
20	100	Lech El.W.	257	188	236
8,5	50	Lind. Gilde	2560	2850	
20	100	Linde	280	132	162,1
12	100	Löwenbräu	2912	155	175
9	50	Mannesmann	208	135	159
9	50	MAN St.	280	265	323
9,5	50	MAN Vorz.	158	80,6	116,5
3	50	Metallges.	115	360	475
8	100	Neckermann	480	83,5	121
2,38	-	Nordcement	150	239	325
14	100	NSU Gen.	353		
		Orenst. & K.			

Div.	Nennw.	Name			
1	10	Otavi	56	43,5	48,5
10	50	Paulan. Salv.	999	837	1070
7,5	50	Pegulan St.	151,5	116,5	151
	50	Phönix-G.	189,5	125,2	176
		Preussag	173	109,5	132,5
		PWA	100	60	64
8	50	Reichelt	690	470	590
8	50	Rheinmetall	294	233	--
8	50	RWE Stahl	102	65,1	85,5
2	50	Rosenthal Vorz.	233,5	160	176,2
10	50	Rütgers	193	154	169,8
12	100	Salamander	160	100-T	130
11	100	Salzdetfurth	209,9	163,5	212,5
0	50	Scheidemandel	221,9	84,8	107
0	50	Schering	318	90	124,1
10	50	Schiess	470	210	268
8	50	Schubert & S.	80	378	459
2,5	50	Schultheiss	[illegible]	[illegible]	[illegible]
14	100	Siemens	404-T	49	70,1
0	100	Stahlw. Peine	225	71	98
8	100	Stahlw. Südw.	320	348	400
	50	Stollwerck	420	171	231,2
		Süddt. Zucker	257	266	288
		—Banken			
0	50	ADAC	275	231	310
10	50	Bayer. Hyp.	256	190	229,5
10	50	Bayer. Ver.	374,5	230	258
10	50	RHF	327,5	201	259,5
00	100	Brschw. Hann.	930-T	99,5	391
8,5	50	Commerzbk.	242,8	238	318
9	50	Deutsche Bk.	331	50-T	860
9	50	Dt. Centralb.	415	188,05	243,5
9	50	Dt. Hyp. Han-B	365	254	332,1
9	50	Dt. Hyp. Brem.	285	295	389
9	50	Dresd. Bk.	503	278	364
12,5	50	Frankf. Hyp.	434,4	216	272,1
6	50	Hyp. Hamb.	120	391	480
6	50	Ind. Kred.	198,5	309,4	425
10	50	Inv. & Hand.	391	99,5	121
12	50	Kundenkred.	445	173,5	181
13	50	Rhein. Bod.	528,6	259	377
9	50	Sächs.	304	335	465
10,5	50	Vereinsb. Hb.	460	370,6	570
8	50	Westb. H.	[illegible]	234,7	425
		—Versicherungen		320,2	481
24,3	150	Aach. U.M.	424	315	448
8,5	50	Aach. Rück.	1230	951	1535
4	50	Allianz Leb.	479	350	510
14	100	Allianz Vers.	425	323	448
24	300	Colon. Nat.	400	297	441
4	40	Köln. Rückv.	400	315	460
10	100	Magd. Feuer	1750	1350	1600
9	50	Magd. Rück.	177-T	155	173-T
	100	Mannh. Vers.	355	303	364
		Münch. Rückl.	445	340	448
		Nordst. Allg.	825	555	885
		—Investment-Ant. Rücknahmepr. DM p.St.			
3,20		Adifonds	41,80	32,10	38,40
1,70		Adirenta	24,20	22,40	24,50
3,10		Adiropa	45,60	34,40	41,30
3,20		Adiverba	55,70	46,70	58,20
2,40		Fondak	37--	29,40	35,40
2,70		Fondis	35,90	26,70	32,10
5,80		Fondra	82,70	71,10	81,10
0,60		Neckermann	24,70	20,37	22,35
3,10		Tresora	44,50	36,50	41,80
5,50		CO OP	130,50	120,45	131,20
—		Plusfonds	49,10	44,40	50,60
		—Ausl. Investment-Ant. Rücknahmepr. $ p.St.			
0,01		Channing Sp.	2,11	-	2,51
0,38		Dreyfus	13,15	-	13,47
0,17		Enterprise	7,18	-	7,70
0,49		Fidelity Tr.	26,20	26,94	28,26
0,40		Oppenheimer	9,35	-	9,63
0,02		Value L. Spec.	6,34	-	6,44

Börsenbericht (Stock exchange report), 1972; Siebdruck aus der Mappe *Börsenbericht*, 1972/73; Siebdruck auf Papier; Foto: Wolfgang Günzel
Börsenbericht (Stock exchange report), 1972; Silk screen on paper from the portfolio [Stock Exchange Report], 1972/73; Photo: Wolfgang Günzel
Courtesy of the artist

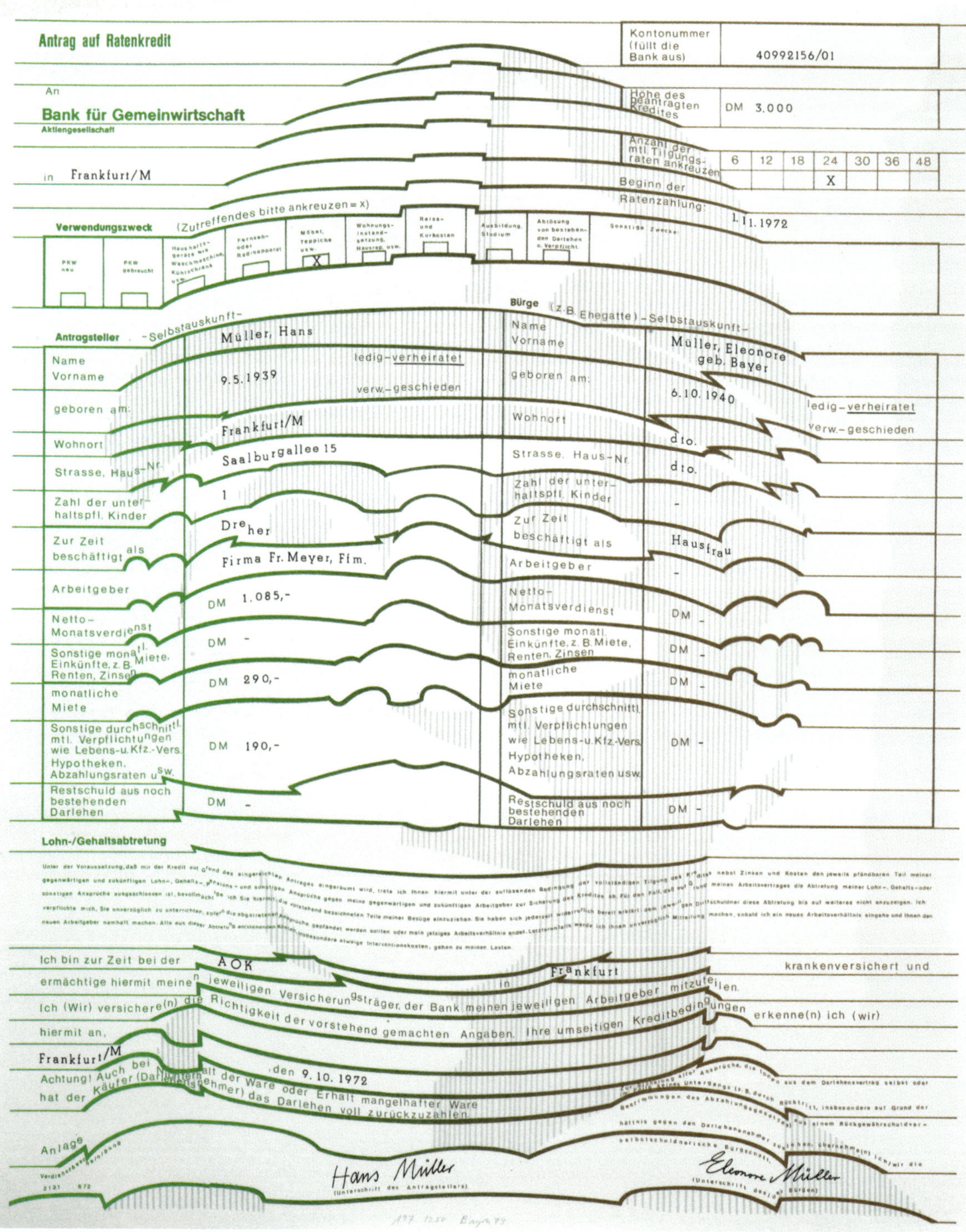

Ratenkredit (Installment Loan), 1972; Siebdruck aus der Mappe *Börsenbericht*, 1972/73; Foto: Wolfgang Günzel
Ratenkredit (Installment Loan), 1972; Silk screen on paper from the portfolio [Stock Exchange Report], 1972/73; Photo: Wolfgang Günzel

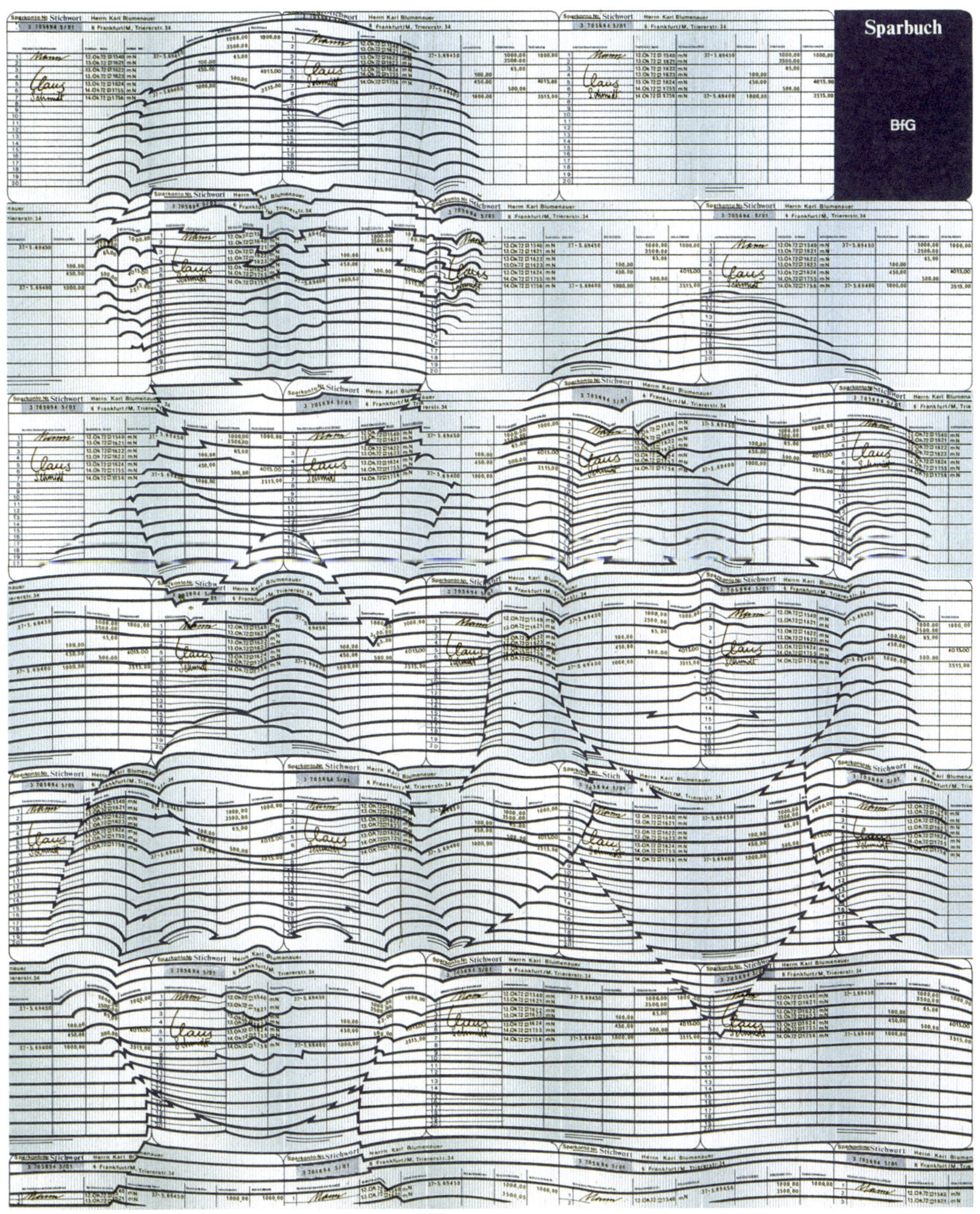

Sparbuch (Saving's Book), 1973; Siebdruck aus der Mappe *Börsenbericht*, 1972/73; Foto: Wolfgang Günzel
Sparbuch (Saving's Book), 1973; Silk screen on paper from the portfolio [Stock Exchange Report], 1972/73; Photo: Wolfgang Günzel

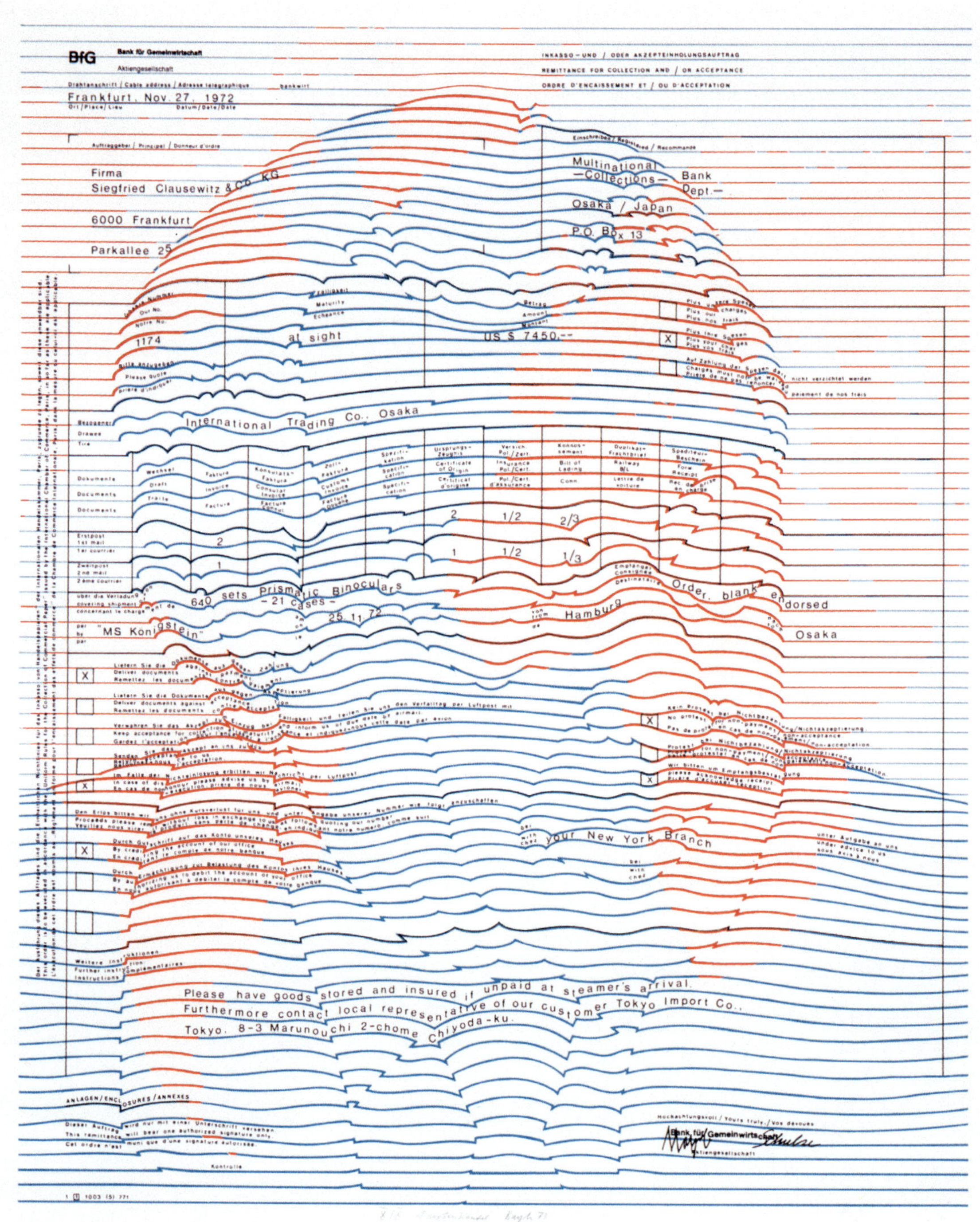

BfG – Außenhandel (BfG – Business contract), 1972; Siebdruck aus der Mappe *Börsenbericht*, 1972/73; Foto: Wolfgang Günzel
BfG – Außenhandel (BfG—Business contract), 1972; Silk screen on paper from the portfolio [Stock Exchange Report], 1972/73;
Photo: Wolfgang Günzel

Spyros Papapetros

Thomas Bayrle's World Ornament:
Geometry, Economy, and Cosmic Reproduction

Ornament meets the ground

The subtle performance of ornament in the work of Thomas Bayrle lies in its construction and continuous undoing of the picture ground. His is a ground that refuses to remain in the background and keeps pushing towards the front surface; a ground that shifts direction from horizontal to vertical by morphing into a carpet that raises from the floor and hangs on the walls of a building; a ground that unites this wall with pieces of fabric or human flesh as if there were no material distance between them. His is also an aberrant, unstable ground that defies its rigid geometric parameters and strives to become plastic, round, and irregular in an attempt to erase the distinction between figure and ground or rub out the figure altogether by liquidating its volume into myriad small tiles made of uniform objects—telephones, skulls, cars, cows, apples, as well as human bodies and faces—all of which gradate in size and turn in orientation in order to form the contours of a human face or the protuberances of a naked or clothed body. This is a ground that remains present even as it deceptively disappears into a flat monochromatic backdrop, allowing objects to appear as if suspended in a vacuum and proving that the strongest consistency of such standardized ground is its relentless contradiction.

For Niklas Luhmann, ornament is primarily a product of this projective background. In his *Art as a Social System*, the philosopher writes: "Painting too eventually pushes its ornaments to the margin or into the background—which needs to be filled anyway—in order to foreground its figures. Assisted by unified perspective, painting develops the background into an open space—a landscape for example—only to discover the need to compensate for ornament's function by filling its imaginary space with nonarbitrary objects until, in the end, even the landscape is no longer necessary."[1] Ornament, then, is the art of deceptive substitution enacted by a series of seemingly marginal objects "planted" inside a landscape surrounding the central core of a human figure only to replace this landscape and ultimately the figure itself, which, too, eventually becomes ornamental. In his essay on "The Mass Ornament," Siegfried Kracauer, an author whom Bayrle has invoked in his interviews,[2] illustrates his observations on the geometric fields of modern sport or theater spectacles in Weimar Germany with an incisive analogy from Chinese painting: "Thus in Old Chinese landscape paintings the trees, ponds, and mountains are rendered only as sparse ornamental signs drawn in ink."[3] The transformation of the landscape into a field of geometric motifs—a practice that also invokes the ornamental treatment of the background (as well as parts of the figure) in turn-of-the-century Viennese painters like Klimt—signals for Kracauer the "deprivation of the substance" and "removal of organic center" not only from natural objects but also from human figures,

---

1   Niklas Luhmann, *Art as a Social System* (English edition of *Die Kunst der Gesellschaft*, 1995), translated by Eva M. Knodt, Stanford, CA 2000, 120.
2   In an email conversation, Bayrle mentions reading Kracauer along with "James Joyce, some fragments of Proust, and Walter Benjamin at the beginnings of the 1960s." Thomas Bayrle, Yannick Miloux, "An email conversation, November 2006/February 2007," in Thomas Bayrle and Fonds Régional d'Art Contemporain (FRAC) Limousin, *Thomas Bayrle: La vache qui rit*, Limoges 2007, [non-paginated].
3   Siegfried Kracauer, "The Mass Ornament," in: *The Mass Ornament: Weimar Essays* translated, edited, and with an introduction by Thomas Y. Levin, Cambridge, MA 1995, 83.

which now appear as "remnants" or kinetic relics that create the monumental geometries of spectacular mass ornaments.[4]

It is remarkable that in the eighteenth century Japanese shunga by Nishikawa Sukenobu employed by Bayrle as a template for his work *iPhone meets Japan* installed at the MAK Columned Main Hall, the natural landscape is absent, since as is the case with several similar studies by the same Japanese artist in the MAK Asia Collection, the scene represented takes place in an interior. Nature returns in the picture, however, as ornament visible on the architectural surfaces depicted in the drawing, such as the grain of the wood on the sliding panel as well as the large-leafed plant and ornamental bordure on the folding screen set behind the human couple. Nature also returns as clothing ornament by means of the large flowers that emerge from a striated rectilinear pattern on the kimono worn by the woman as well as the smaller flowers on the dress of the male figure lying on the floor next to her, which then spill over the box and migrate to other small decorative artifacts such as the glass vessel and tray lying on the carpet. Separately, as in the motif in the dress of the upright figure, ornament adopts the rectilinearity of architectural environment, reflecting the parallel bands on the carpet and door railing or the orthogonal floor panels covering the parapet. While the plastic contours of the body and the dress of the two figures appear in contrast with the strict geometry of the architecture, ornament restores the totality of the scene while at the same time punctuating it with a contrasting rhythm. The play of olfactory communication that ostensibly takes place in the Japanese interior by the exchange of perfumes is in fact rehearsed by the ornament that permeates the same room and allows the two figures to communicate with one another and with their perforated enclosure.

Bayrle's recladding of the same scene some three centuries later capitalizes on the capacity of ornament to forge an atmospherically integrated environment. All textures, including those of the carpeted floor, wood or silk panels, clothing, glass or lacquer artifacts, as well as the hair and face of the two women are rendered by a single iconic artifact—the flat apparatus of an iPhone—endlessly repeated in a series of contrasting sizes, from large to infinitely small: the largest being the curved handheld apparatuses that crowd the horizontal wood panels of the platform bordering the interior like a shoal of fish jumping out of the sea of infinite similarity. In Bayrle's rendition, the overall geometry of Sukenobu's scene appears even more defined and yet there is a greater degree of overall diffusion as surfaces appear to merge into one another, as with the continuous human mass of the two clothed bodies that appear to emerge from the floor carpet. As Luhmann suggests of ornament's ambient use, "Transitions are effaced, at least they are not emphasized as break, since each place in an ornament is at the same time the place for another place."[5]

These reciprocally "effacing" transitions become more uncanny in some of Bayrle's iterations of the religious iconographic theme of the pietà based on Michelangelo's well-known sculpture. Bayrle's ornamental treatment of the work as a dense fabric of stylized human skulls not only fuses the two bodies arranged perpendicularly towards one another, but also absorbs them within the dense ornamental background, dematerializing the two sculptural figures as casts—depressions on a single piece of fabric that envelopes both of the bodies. The shroud that appears to flatten the figures of the Madonna and dead Christ simultaneously projects and lifts them up as evanescent bodies rendered immaterial by their ornamental massing.

---

4   Ibid.
5   Luhmann, ibid., 120.

Such environmental dematerialization rehearses the current setting of Michelangelo's sculpture in a chapel of Saint Peter's Basilica where it is installed in front of a curved red marble wall whose striations recall long geological transformations. This mineralogical background is updated in some of Bayrle's iterations with the quintessential ground of the modern era, the autobahn, whose bifurcating highways and automobiles appear to stream through the folds draping the two holy personages, thus replacing the natural landscape of Renaissance paintings or the geological striations of the marble backdrop in Saint Peter's with the geometric ornament of technological infrastructure—the inorganic ground of the Anthropocene.

Ornament meets economy

Luhmann as well as a host of nineteenth-century architectural historians and theorists, including Gottfried Semper in his 1856 lecture "On the formal lawfulness of adornment," remind us that the Greek word *Kosmos* (cosmos) originally meant both world order and decoration (as in cosmetics), a double signification that in the modernity of the last two centuries converges in the creation of a new universal form of decoration that extends from the body to the urban environment.[6] Such cosmic regeneration of ornamentation is indebted to the amassing of articles of bodily adornment of all ages and cultures in museum collections, transported from recently excavated archaeological sites as well as colonial territories across the globe as relics substituting the bodies that once wore such articles. Along with these museum treasures of defunct ornaments, mid-nineteenth-century European culture also witnessed the explosion of ornamental production on an industrial scale of former luxury decorative items which could now be reproduced in large quantities out of cheap materials at low prices for the mass consumer.[7] The modern ornament is *mass* ornament, a product oscillating between singularity and reproduction, individual personality and collectivity, as well as economic prestige and the depreciation of value.

In a series of works that draw on the abstract iconography of bureaucratic economy, and in which Bayrle systematically employs financial information, the linear background of the artist's images becomes abstract, and yet at the same time generically figurative by acquiring a *face*. The artist "borrows" a series of financial documents mostly issued by the BfG (*Bank für Gemeinwirtschaft*), a German retail bank and credit institute established in 1949 and dissolved in 2000. In *Außenhandel* [Foreign Trade], Bayrle uses a BfG remittance notice for exported goods by a company in Frankfurt shipping 640 sets of "prismatic binoculars" contained in 21 boxes from Hamburg to Osaka by the steamer MS Königsberg. The document includes the office account of a BfG branch in New York as well as the name and address of a customer "import company" in Tokyo, whose local representative should be contacted if the remittance remains "unpaid upon arrival" in order to store and insure the goods. The numeric information contained on the document links several parts of the globe yet the text is repeated in three European languages—German, English, and French—suggesting that in spite of its endless repetition, expressive communication in such global transactions retains certain

---

6   Luhmann, ibid., 217 and Gottfried Semper, "Über die formelle Gesetzmäßigkeit des Schmuckes und dessen Bedeutung als Kunstsymbol," in: *Monatsschrift des Wissenschaftlichen Vereins in Zürich*, 1 (1856), 101–130; republished in: Semper, *Kleine Schriften*, ed. by Hans and Manfred Semper, Berlin 1884, 304–343. For an English translation of the first section of the essay, see "From Concerning the Formal Principles of Ornament and Its Significance as Artistic Symbol," in: Isabelle Frank (ed.), *The Theory of Decorative Art: An Anthology of European and American Writings, 1750–1940*, New Haven, CT 2000, 91–104 (for the reference to cosmos, 91).

7   See the chapter "The Mechanization of Adornment" in: Sigfried Giedion, *Mechanization Takes Command: a contribution to anonymous history*, New York and London 1969 [first edition by Oxford University Press 1948], 344–363.

geographic limits. Another financial document intentionally "misused" by Bayrle is a "market report" (*Börsenbericht*) certifying "action values and investment" data for large corporations such as AEG, Bayer, BASF, and BMW. As in the previous remittance, Bayrle distorts the strict geometry of the report by bending the parallel horizontal lines of the financial document into segments of a curvilinear graph that simulates the contour and interior features of a human face protruding from the textile of numeric data.

The data displayed by these banking documents become more personal in Bayrle's *Ratenkredit* [Installment Credit] (1972), where he disfigures a BfG information request for "hire credit" listing the private details of an applicant including his date of birth, employer, rent, and monthly salary. *Sparbuch* [Savings Book] (1973), similarly distorts the transaction lines of a savings account (*Sparkonto*) to draw the three individual faces of a nuclear family—wife, husband, and child—which become (in)formed by their monetary withdrawals or deposits. The physiognomy of a subject is entirely determined by her or his economic exchanges (or lack thereof) in an attempt to delineate a personal epitome within a sea of generic information. Further, in *Eurocheque 1973*, Bayrle capitalizes on objects such as a BfG-issued euro check whose design includes an authentication pattern of ornamental scribbles at the top and a textual instruction at the bottom stating, "valid until end 1973" ("Gültig bis Ende 1973"), which demonstrates that such documents have temporal limits after which they become obsolete, or rather, purely ornamental. In each of these transformed documents, financial abstraction mutates into an iconic figure whose impersonal traits are modeled by distorting part of the equally standardized ground, similar to ornamental compositions whose patterns are produced by the geometrization of landscape elements. This is a transmogrification and emptying of inner substance of the sort that Kracauer anxiously observed in Chinese landscape painting. Notably in *Zollstock* [Yardstick] (1970), a series of yellow measuring sticks transform into a series of waves reminiscent of landscape, sea, or cloud formations, hinting at the liquefying ambience that such geometric instruments ultimately engineer within the rigid parameters of contemporary economic networks. As Luhmann states, "[o]rnaments are recursions that keep going by recalling previous while anticipating further forms" displaying "the unity of redundancy and variation," and in a footnote the sociologist muses: "*Redundancy* is a beautiful, almost ornamental word, and it indicates precisely what is meant here—the return of a wave (*unda*)."[8] The undulating lines we see meandering inside Bayrle's reconstructed documents are the fossilized waves of such ornamental redundancies and recursions, which are inherent in the periodic histories of ornament, including its periodic eclipses, burials, or effacements. As archaeologists could attest, the main reason we know so much about ornamentation from ancient periods is because it was buried and thus the most ostentatious of all categories of human object-making retains a vital relationship with occlusion and invisibility.

Such a dialectic is evident in the interplay between ornament and economy in modern culture, which on the one hand imposes a ban on ornament and on the other profits from such a ban to produce different forms of ornamentation. In his well-known philippic against ornament, the early twentieth-century Viennese architect Adolf Loos argued that "the ornament disease is subsidized by state funds" and "inflicts serious injury on the national budget."[9] Ornament not only makes its consumers "poorer" since it forces them to accumulate "debts" rather than "savings," but it also remunerates very badly the "ornamentors," the craftspeople

---

8   Luhmann, 120 and 347 (note 41).
9   Adolf Loos, "Ornament and Crime," in: Ulrich Conrads, *Programs and Manifestoes on 20th-Century Architecture*, Cambridge, MA 1971, 20 f.

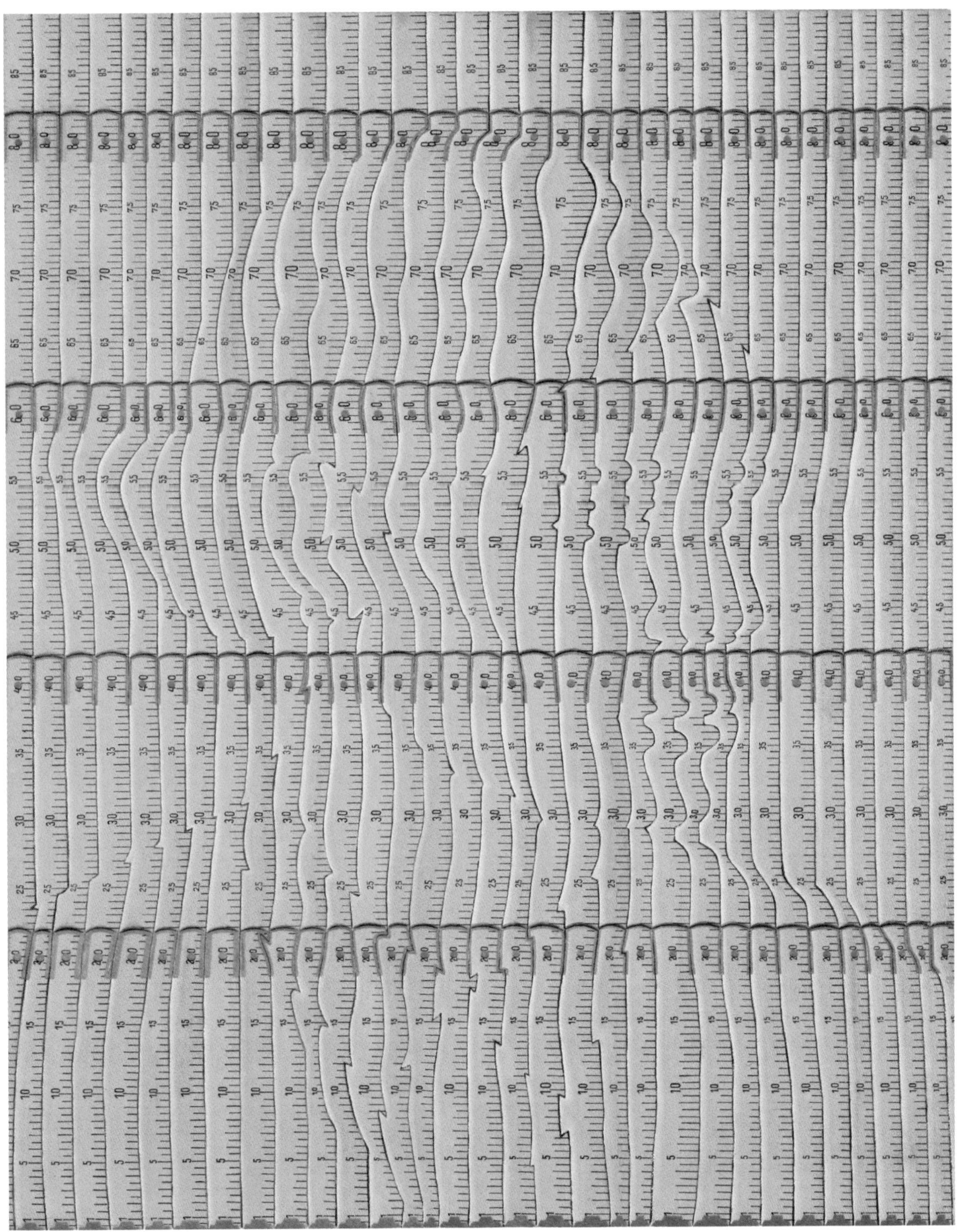

Zollstock (Yardstick), 1970; Öl auf Leinwand; Foto: Wolfgang Günzel
Zollstock (Yardstick), 1970; Oil on canvas; Photo: Wolfgang Günzel
Privatsammlung Private collection

who produce ornament and keep engraving ornaments in cigarette boxes, which are then sold for as much money as the unornamented metal cases that take half the time to produce. Ultimately, "ornament is wasted labor power" and leads to a "premature devaluation" of its products.[10]

The ground, then, represents the substratum of economic relations that can no longer be relegated to an invisible underground or a distant background but rather strives to find expression on the surface by means of ornamental screens of information. Arranged in horizontal lines and columns, rhythmically repeated, and yet always varied, such statistical ornamentation hints at what Luhmann described as "the unity of redundancy and variation," as well as the identification between economic growth and pictorial abstraction, perhaps most explicitly portrayed in Bayrle's network of overlapping curved and rectilinear highways forming the dollar sign (*$,* 1980), the arabesque ornament par excellence of Western capitalist modernity.

Ornament meets (infra)structure

In *Gothic Daub* (1980–1984), Bayrle represents an infinitely complex constellation of high-way intersections that simulate the ribs of columns and their extensions into the arborescent ceiling of a Gothic cathedral. Luhmann notes that in "Gothic architecture the ornament was already taken in tow by inventions in structural form, within which it had to prove itself."[11] A number of architectural historians present evidence of such ornamental "proof" by describing the intricate forms of Gothic cathedrals as structure that emulates ornament (and vice versa),[12] while others would create a transhistorical iconographic parallel with the postwar engineering dome structures of Richard Buckminster Fuller (another reference for Bayrle) and Pier Luigi Nervi, which have also been described as new forms of structural ornamentation.[13]

Contrary to distinctions established by nineteenth-century German theorists of tectonics between "core form (*Kernform*)" and "art form (*Kunstform*)" represented by structure and ornament, respectively, here ornament *is* structure.[14] In fact, as Bayrle's "Gothic" intersections of highways reflect, ornament is also infrastructure—a deep geological substratum that is now vertically transposed over the surface of the earth, covering the globe with regular geometric structures emulating mineral formations. Wilhelm Worringer, the supreme twentieth-century art historian of Gothic ornamentalism, would intuit a psychological mode of "abstraction" as the essence of Gothic (and implicitly modern) art modeled after the con-volutions of a certain type of northern interlace ornament, whose geometric, non-organic pattern contains supreme animation and vitality.[15] The same inorganic animation would extend to the draperies of Gothic figurative sculptures as well as the architectural features of

10 Ibid. 22

11 Luhmann, 218.

12 For such discussion, see the description of medieval cathedrals in Robin Evans, *The Projective Cast: Architecture and its Three Geometries*, Cambridge, MA 1995, 220–239.

13 See the chapter "Gothic Historiography, Nineteenth Century Engineering, Art Nouveau, Garden Cities: Asymmetry and Disso-nance, Cantilever, Shell, and Membrane Structures" in: Bruno Zevi, *The Language of Modern Architecture*, Seattle and London 1978, 138–169.

14 On the distinction between *Kernform* and *Kunstform* in Karl Bötticher's theory of ancient Greek tectonics, see the chapter "'Tectonics' and the 'Theory of Raiment'," in: Werner Oeschlin, *Otto Wagner, Adolf Loos, and the Road to Modern Architecture*, New York 2002, 44–63.

15 See the chapter on "Ornament" in: Wilhelm Worringer, *Abstraction and Empathy: A Contribution to the Psychology of Style* (first published as *Abstraktion und Einfühlung*, 1908) translated by Michael Bullock, New York 1953, 51–77.

Gothic cathedrals, which in turn would invoke the alienating geometries of modern metropolitan formations.[16]

The twentieth-century discourse of ornament, including Kracauer's "mass ornament," is inextricably connected to modern urban transformations.[17] Twelve years before the appearance of "The Mass Ornament" essay, Kracauer published his doctoral thesis on the development of forging art in the case of cast iron ornament in Berlin's Potsdam area between the seventeenth and mid-nineteenth centuries.[18] The former architecture student and feature film and cultural critic would read in detail transformations in the design of ornamented iron grills in gate entrances, balconies, staircases, and windows as well as light and signage structures that consolidate a number of stylistic and iconographic traditions across centuries while demarcating boundaries between private and public property as well as creating an interface between interior and exterior spaces.[19] Here, cast iron ornament has a double projective capacity: on the one hand, it mirrors, extends, or distorts individual architectural structures, as in the case of a decorated handrail echoing the ascending rhythm of a stone stairway, or a protective grill blurring with its curvatures the geometric structure of a window, but on the other hand, the same decorated screens reflect the massive transformations (as well as resilient resistance against change) of an urban area in terms of its infrastructure whose increasingly arborified underground networks of iron ornament project onto its perforated surface Perhaps in this mediating function of civic adornment, we may discover an alternative motive for Bayrle's preoccupation not only with the autobahn and infrastructure but also with contemporary cityscapes, whose grids of orthogonal buildings and avenues extend their diagonal correspondences into a seascape or a forest—nature's original sources of "redundancy and variation" that are now symmetrically reflected on the cityscape.[20]

In effect, the rectilinear grid of the modern city acts as a scaffold or even a "conveyer belt" (another device prominent in Bayrle) for the renewed expansion of ornament in both private and public domains. While following Loos's racial, cultural, and economic indictment of ornament and its excision from the façades of modern buildings, the same repressed object experiences an explosion in the world of design in the plainer and smoother form of the commodified object. This is the "total design" world or the *Gesamtkunstwerk* of the 1960s in which Bayrle creates integrated environments consisting of surfaces covered by geometric ornamental motifs of different colors based on the endless repetition of the same artifact, such as a cup and saucer—significantly one of the first artifacts to be mass produced in the mid-nineteenth century based on designs by well-known architects and with a limited amount of decoration.[21] In Bayrle, the same plain artifact not only replicates itself into a giant cup and saucer, but also withdraws into a flat surface by being imprinted on clothing materials, as in the plastic raincoats that bear the same decorative pattern as the "wallpaper" surface behind the female models who wear these transparent layers (*Coats*, 1967–1968). For nineteenth-century theorists like Semper, it was important that ornament was not a flat

16   For an urban reading of Worringer's ornament, see Claudia Öhlschläger, *Abstraktionsdrang: Wilhelm Worringer und der Geist der Moderne*, Munich 2005, 170–191.
17   For the connection between ornament and urban theory, see among others, Michael Mönninger, *Vom Ornament zum Nationalkunstwerk: Zur Kunst und Architekturtheorie Camillo Sittes*, Wiesbaden 1998.
18   Siegfried Kracauer, *Die Entwicklung der Schmiedekunst in Berlin-Potsdam und einigen Städten der Mark vom 17. Jahrhundert bis zum Beginn des 19. Jahrhunderts* (1915), reprint, Berlin 2000.
19   For a rare reading of Kracauer's thesis, see Henrik Reeh, *Ornaments of the Metropolis: Siegfried Kracauer and Modern Urban Culture*, Cambridge, MA 2004, 64–70.
20   I refer here to Bayrle's works titled *Die Stadt* [The City] (1976), *Stadt am Meer* [City on the Sea] (1977), and *Stadt am Wald* [City by the Forest] (1982).
21   See Giedion's remarks on a popular tea service set designed by Henry Cole in *Mechanization Takes Command* (Giedion 1969, see note 7, 351).

disembodied object as in the wallpaper-like compilations of ornamented fragments extracted from textiles and building structures from different nations around the globe that we see in the illustrations of Owen Jones' *The Grammar of Ornament* (1856).[22] On the contrary, Semper was interested in articles of bodily adornment (*Schmuck*), which were not only attached on a human body but also in possession of a body of their own—bodies with weight, physical dimension, and the capacity for movement in order to be able to inscribe themselves into the world. In Bayrle's environments, however, we witness ornament's fluctuation between the solid object and the surface, the thing and its imprint or effigy on clothing or other surfaces upon which it is reproduced and on which it acquires an afterlife that is equally virtual and as real as that of a three-dimensional object. Yet here we transition from the flat seascape of financial data to the three-dimensionality of artifacts and the multi-directional environments they recreate.

Ornament meets implement

The disengagement of ornament from function was one of the main contributing factors in its devaluation in twentieth-century modernity. As opposed to the implement, ornament is supposedly "mere" decoration and has no utility other than beautification. In museum practices, artifacts from different cultures would be classified into weapons, implements, jewelry, and costume (*Waffen, Geräte, Schmuck, Tracht*), even if these distinctions are obviously thin and archaeologists already knew that the earliest implements and weapons from pre- and protohistoric periods were frequently decorated. The skulls that fill up the surfaces of Bayrle's works were once such versatile implements and ornaments. In his unpublished manuscript, "Magic Architecture," the Austrian-US architect Frederick Kiesler would illustrate the "transformation" of practical or functional tools into adornment with a diagrammatic illustration in which the lower jaw of a human skull first used as tool and weapon later appears perforated and worn as a decorated relic with "nuts" hanging from strings attached to the teeth of the same bone fragment.[23] The bones that appear in Bayrle's works—as in another of his renditions of *Pietà*, where both figures appear to fuse into a continuous fabric of interweaving elongated bones (*Pietà 2*)—signal the bodily origin of inorganic tools and human technologies of implementation that de-organicize and ultimately ornamentalize themselves via strategies of rhythmic repetition, or what Luhmann earlier described as the interplay between "variation and redundancy" fossilized in the waves of ornament.[24]

What we in fact witness in Bayrle's variegated redundancies is the massive return of ornament as implement (and vice versa). For example, the iconic rotary dial telephones that appear in his works of the 1970s (as in *Telefonbau – Normalzeit* [Telephone Construction—Standard Time], 1970) as instruments (and now relics) of telecommunication technologies are reimplemented as the endlessly repeated building blocks of a human portrait. This seemingly aberrant use of the telephone gradually renders it ornamental via its rhythmic "massing" or what the artist and designer László Moholy-Nagy would describe as *faktur*, the imprint of

---

22 See Semper, "From Concerning the Formal Principles of Ornament" (see note 6) and Ernst Jones, *The Grammar of Ornament* (1856), reprint, Paris 2001.

23 Frederick J. Kiesler, *Magic Architecture. Origin and Future. The Story of Human Housing*, unpublished book manuscript (ca. 1941–1947) [hereafter cited as MA], Archive of the Austrian Frederick and Lilian Kiesler Private Foundation in Vienna. For an illustration of this diagram, see *Friedrich Kiesler. Lebenswelten / Frederick Kiesler: Life Visions*, ed. by Dieter Bogner, Bärbel Vischer a. o., Basel 2016, 71.

24 For a complete history of the use of bones in modern and contemporary art, see Sebastian Hackenschmidt, *Knochen. Ein Material der zeitgenössischen Kunst*, Munich 2014.

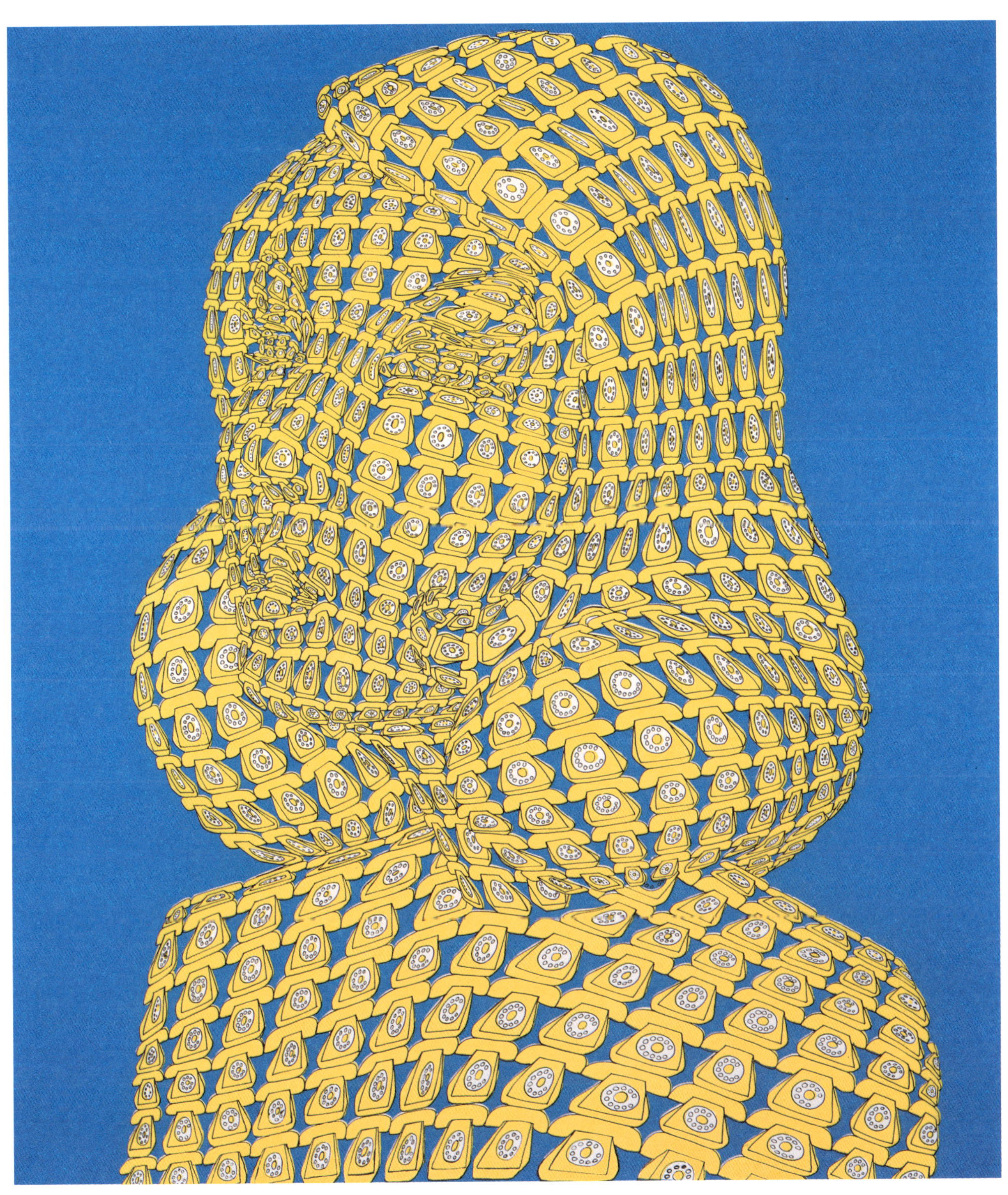

Christel von der Post, 1970; Siebdruck auf Papier; Foto: Wolfgang Günzel
[Christel from the Post Office], 1970; Silk screen on paper; Photo: Wolfgang Günzel
Courtesy of the artist

industrial process on the surface of mechanically reproduced artifacts by the tectonic strategy of serial repetition and stacking. This (in)conspicuous ornamentalization would, in fact, prove prophetic upon the obsolescence of the rotary telephone and its replacement, first by the push-button stationary phone, then by the handheld mobile phone, and today with the iPhone—the supremely versatile implement/ornament device, which becomes ubiquitous in Bayrle's more recent work, along with human skulls, thus linking the earliest with the latest human tool and signaling the correspondence between "vital" implement and death ornament or symbolic relic. Whether weaved by iPhones or skulls and bones, the surface of Bayrle's pietà and other literal or metaphorical textiles is constitutionally a "double-faced" fabric.

A similar process of interchangeability and perpetual substitution appears to de-instrumentalize the objects enlisted by Bayrle: telephones surrender their place not only to more technologically advanced telephones but also to German beer glasses, cars, hats, clothing, and human faces piling up as to form the same or similar constellations assembled by uniform object modules. On the one hand, there is a certain degree of uniqueness, specificity, and distinction in each type of body or artifact that is being infinitely repeated, and on the other, there is a sense of equanimity or equivalence in value that makes every artifact interchangeable with another object. There is no "margin" in these compositions from which the ornament, as Luhmann envisioned it, would emerge. In his theoretical view of ornamental development in his *Stilfragen*, the Viennese art historian Alois Riegl distinguishes between the "axial" coordinates of a decorative pattern and its "filler motifs"—objects or ornaments that fill up the spaces enclosed by the main axes of the decorative composition.[25] The objects serially repeated in Bayrle's object fields, however, function as both axes and fillers. There are essentially no spaces to be "filled" by individual motifs, as the entire surface is a continuous directional fabric of densely packed bodies or figures.

Perhaps the most uncanny of these smooth ornamental transitions is the interchangeability of the artifacts of human technology and human bodies or objects of nature. I refer here to the pears, apples, or potatoes that appear in Bayrle's "superforms," which, just like the telephones, appear exactly as if they too were produced by machines. In his history of mechanized production written in America during the early 1940s, the architectural historian Sigfried Giedion pointed to "the reduction of fruit into few varieties" that tasted and looked the same, to the degree that when visiting "an orchard of 42,000 trees, [...] the apples were so uniform that they may be stamped out by a machine."[26] Displayed in regular horizontal layers in contemporary food stores, these generic apples would protract the straight rows and canvases of modern agricultural fields into the three-dimensional structures of modern market economy.

Between the field and the market, there is the intermediate stage of packaging and distribution, which signals the moment that natural produce acquires the uniform gestalt of the market product. In *Applesauce* (1973), Bayrle constructs a large green apple made of baskets of green apples, while in *Distribution Pears* (1971) he forms a large pear bulging from a flat surface made of an endless series of large motortrucks, each of which contains a case with symmetrically arranged pears. All apples and pears look the same, yet they fluctuate in size to fit the round form of the super fruit that their containers are now assembling, evoking once again Luhmann's theme of "redundancy and variation," which here acquires not only an

25 See the description of the principle of "axial filling" in Alois Riegl, *Problems of Style: Foundations for a History of Ornament*
    (*Stilfragen: Grundlegungen zu einer Geschichte der Ornamentik, Berlin* 1893), translated by Evelyn Kain, Princeton, NJ 1992, 64 f.
26 Giedion 1969 (see note 7), 132 f.

ornamental but also a tectonic signification. Apples building a larger apple, and pears forming a giant pear: this is again the homological, self-replicating process of ornamental growth, which generates new ornaments by the repetition and variation of the same ornamental motif. As Aby Warburg would demonstrate in his 1893 dissertation on the representation of "accessories in motion" (*Bewegtes Beiwerk*) in Renaissance painting, a drawn curlicue or a verbal flourish would create another curlicue or another flourish extending the previous ones in an endless spiral of infinite yet variegated repetition.[27] Bayrle's "superforms" are essentially "objects in the square"—objects produced by the multiplication of the same objects and arranged by "dynamic symmetries" in proportionally articulated constellations.[28]

The same iterative structure could be described as a "skeuomorphic" type of ornament—a decorative pattern, which instead of imitating the form of a plant, animal, or human figure, as in vegetal, zoomorphic, or anthropomorphic decoration, reflects the shape of another object, usually an implement (*skeuos*) with which the ornament shares the same form but eschews its previous function.[29] However, in most of Bayrle's artworks, a reverse procedure occurs whereby the infinite repetition of an object—be it telephone or apple—creates a larger ornament, which in turn de-objectifies and thus ornamentalizes the implement of which it consists. Instead of skeuomorphism, we observe a proliferating decorativism in which utilitarian implements and appliances increasingly acquire the form, and more importantly, the structural logic, of ornamentation.

Ornament meets the human

The ultimate object in this versatile sequence of interchangeable industrialized artifacts and/or "nature" products is the human figure, presented as an infinitely multiplied face or a whole body. Clothed or naked, but always in a typified directional posture, the repetition of this body could form the animal or object symbol of a flag, similar to the moving human carpets of military parades regularly performed in totalitarian regimes. In his 1856 lecture on the "lawful principles of adornment," Semper distinguished three universal types of bodily ornament: ring, pendant, and "directional ornament" (*Richtungsschmuck*), the latter connoting the direction of movement, which the bearer (*Träger*) of adornment follows or signals, as for example the feathers affixed on top of military headgear or acroteria in navy vessels and classical temples.[30] Here, the striding, marching, or lasso-brandishing bodies of workers, soldiers, and "Marxist-Leninist cowboys,"[31] serve as directional "mass ornaments" constructing the larger directional ornament of a human flag or carpet. The bodies in the front row simulate the *tassels* of this human textile.

Another formal concept that could be extracted from Riegl's theory of ornament in his *Stilfragen* is that of "infinite rapport" (*unendlicher Rapport*), the seemingly endless repetition of a simple geometric pattern whose lines or frames interweave with one another so as to form a dense grid of orthogonal or diagonal axes that gives the impression of infinity

---

27 Aby Warburg, "Sandro Botticelli's *Birth of Venus* and *Spring*," in: *The Renewal of Pagan Antiquity,* introd. by Kurt W. Forster, transl. by David Britt, Los Angeles 1999, 89–156.

28 Here I draw on the terminology and use of the root and the square in Jay Hambidge, *Dynamic Symmetry: The Greek Vase,* New Haven, CT 1920.

29 See for example the discussion of turtleshell fish hooks as ornaments on the Torres Strait islands in Alfred Haddon, *Evolution in Art as Illustrated by the Life Histories of Designs,* London 1914, 76 f.

30 On "directional ornament" or *Richtungsschmuck* see Semper 1856 (see note 6), 13 ff.

31 I refer to the works by Bayrle entitled *Die Milk Brothers melken die Kuh* [The Milk Brothers Milk the Cow] (1969) and *ML* [*Marxist-Leninist Cowboys*] (1968/2009).

contained inside a limited space.[32] Most of these infinitely corresponding decorations consist of abstract geometric motifs, yet it is striking when in the final pages of Riegl's evolutionary trajectory, following a long sequence of stylized vegetal motifs of lotus, tendril, and arabesque ornaments leading to the abstract shapes of infinite rapport, we see the drawing of the Greco-Roman stucco decoration on a Pompeian vault ceiling, in which suddenly a repertory of human allegorical figures rhythmically reappear, floating inside the round or polygonal windows framed by the axes of the geometric lattice.[33] The art historian's ancient vaulted ceiling stages a modern perspective. If the human figure is to return to the scene of world representation, it can only do so as ornament, abiding by the same physical laws as those of vegetal and animal bodies formed by external cosmic forces.

As analyzed by Semper, Loos, and Kracauer and visually reflected in Bayrle's "superforms," such forces extend from the gravitational power of nature to the dematerializing levity of human economy and abstract fluidity of industrial reproduction. From Renaissance Italy and eighteenth-century Japan to postwar Germany, the United States, Korea, the former USSR, and China, Bayrle's world ornament reenacts an allegorical cosmological design that interweaves the current world order with the decorative systems of its artifacts. This is perhaps the cosmic legacy of ornament's "wasted labor" as lamented by Loos, which, via its critical reproduction in art, could be—at least partially—regained.

---

32 Riegl, *Questions of Style*, 272 f.
33 See the illustration of a polychrome stucco vaulting decoration from
    the Apodyterium of the Stabian Baths in Pompeii in Riegl, ibid., 276.

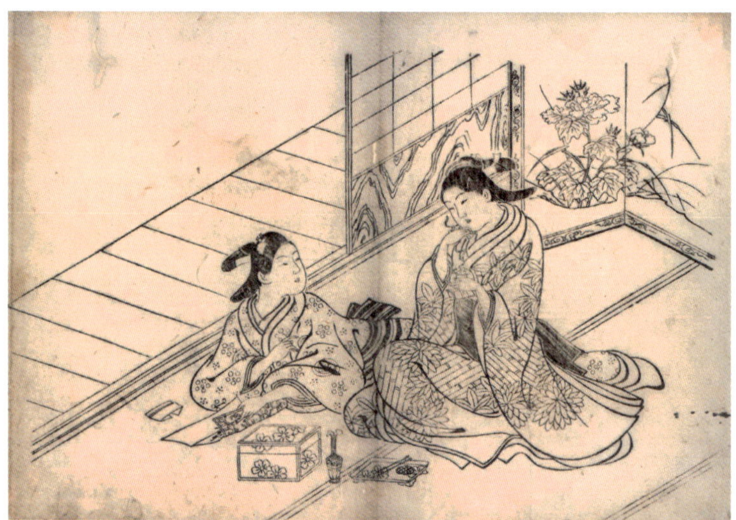

Nishikawa Sukenobu, *Duftspiel*, um 1720; Shunga (Farbholzschnitt)
Nishikawa Sukenobu, *Play of Scents*, ca. 1720; Shunga (color woodcut)
MAK KI 10806

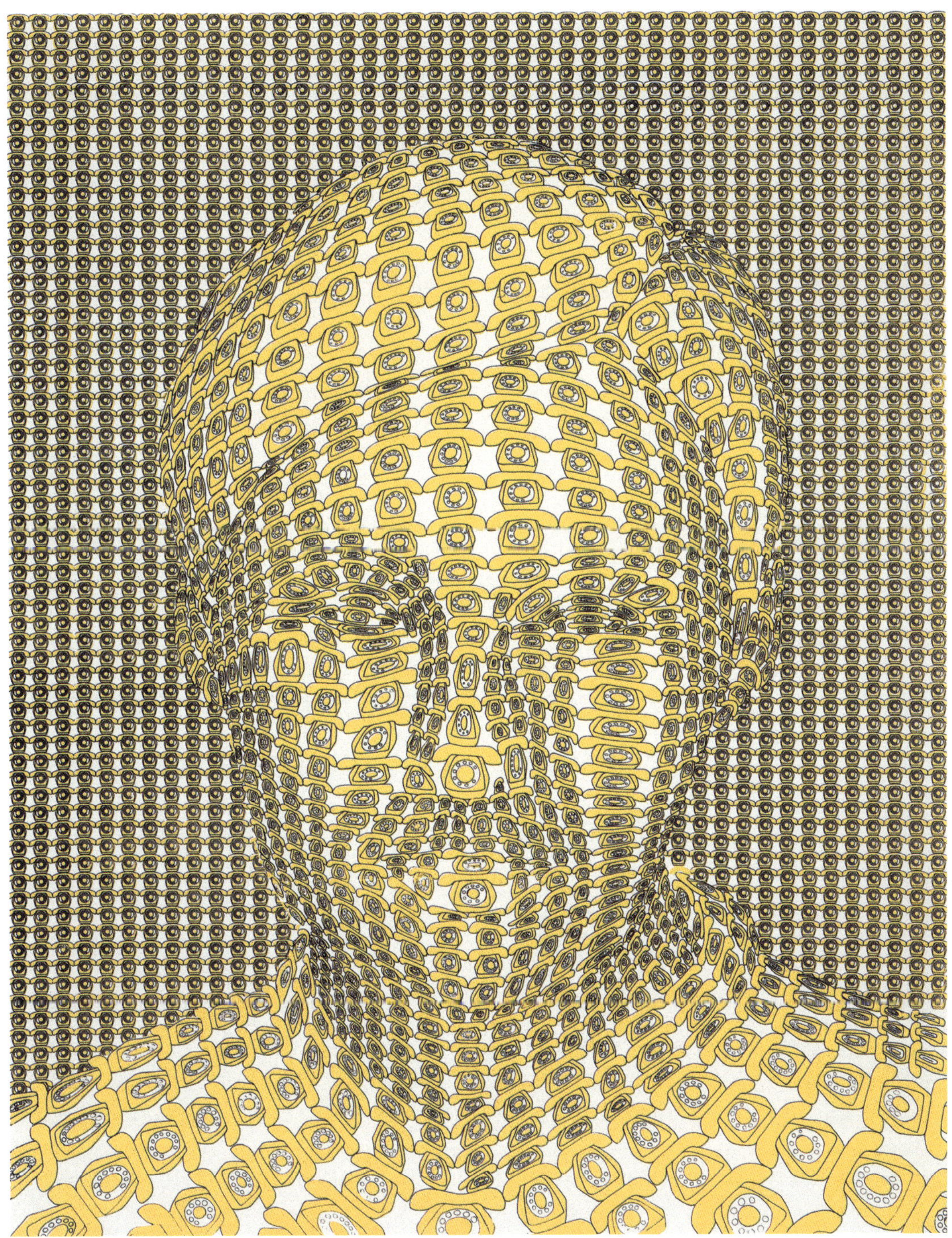

Telefonbau – Normalzeit, 1970; Siebdruck auf Papier; Foto: Wolfgang Günzel
[Telephone Construction—Standard Time], 1970; Silk screen on paper; Photo: Wolfgang Günzel
Courtesy of the artist

antel – blau, Mantel – rot, Mantel – weiß
antel – grün, 1967
ebdruck auf Kunststoff
101 x 126 x 6 cm
oat—Blue, Coat—Red, Coat—White
oat—Green, 1967
lk screen on plastic
01 x 126 x 6 cm each
ourtesy of the artist

ulpenfrau, 1967
iebdruck auf Plastik
0 x 140 cm
Tulip Lady], 1967
lk screen on plastic
0 x 140 cm
rivatsammlung Private collection

homas Bayrle by Clemens en August
nzug, 1967/1999
aumwolle, gewebt; 2-teilig
homas Bayrle by Clemens en August
uit, 1967/1999
otton, woven; 2-piece
ourtesy Galerie Francesca Pia, Zürich Zurich

homas Bayrle by Clemens en August
acke, 1967/1999
aumwolle, gewebt
homas Bayrle by Clemens en August
acket, 1967/1999
otton, woven
ourtesy Galerie Francesca Pia, Zürich Zurich

homas Bayrle by Clemens en August
ock, 1967/1999
aumwolle, gewebt
homas Bayrle by Clemens en August
kirt, 1967/1999
otton, woven
ourtesy Galerie Francesca Pia, Zürich Zurich

alleria Apollinaire (produzione Bayrle), 1968
lakat; 60 x 40 cm
alleria Apollinaire (produzione Bayrle), 1968
oster; 60 x 40 cm
ourtesy of the artist

roßer Mantel, 1968/2002
iebdruck auf Kunststoff, Kleiderbügel
anteldesign: Lukowski + Ohanian
00 x 150 x 10 cm
arge Coat, 1968/2002
lk screen on plastic, hanger
oat design: Lukowski + Ohanian
00 x 150 x 10 cm
ourtesy of the artist

artoffelzähler
ariation mit Pflanze, 1968
ariation in Blau und Braun, 1986
iebdruck auf farbigem Papier
108 x 87,5 cm
otato Counters
ariation with plant, 1968
lue and brown variation, 1986
lk screen on colored paper
08 x 87.5 cm each
ourtesy of the artist

6 Paar Schuhe, 1968/2002
iebdruck auf Plastik
07 x 67,5 cm
56 Pairs of Shoes], 1968/2002
lk screen on plastic
07 x 67.5 cm
ourtesy of the artist

Tassentasse, 1969
Plastik, Acrylglas
Ø ca. 120 cm
[Cup of Cups], 1969
Plastic, acrylic glass
Ø ca. 120 cm
Privatsammlung Private collection

Feierabend (Chair up!), 1970
Collage aus Klebestreifen auf Karton
58 x 41,8 cm
[Home Time] (Chair up!), 1970
Collage of adhesive strips on cardboard
58 x 41.8 cm
Courtesy of the artist

Feierabend (Chair up!), 1970
Siebdruck auf Papier
59,5 x 42 cm
[Home Time] (Chair up!), 1970
Silk screen on paper
59.5 x 42 cm
Courtesy of the artist

Telefonmädchen (Christel von der Post), 1970
Rapidograph® auf Transparentpapier
58 x 50 cm
[Telephone Girl (Christel from the Post Office)], 1970
Rapidograph® on tracing paper
58 x 50 cm
Courtesy of the artist

Christel von der Post, 1970
Siebdruck auf Papier
58,5 x 50 cm
[Christel from the Post Office], 1970
Silk screen on paper
58.5 x 50 cm
Courtesy of the artist

Elisabeth (Anarchy in Construction), 1970
Rapidograph® auf Transparentpapier
74 x 58,5 cm
Elisabeth (Anarchy in Construction), 1970
Rapidograph® on tracing paper
74 x 58.5 cm
Courtesy of the artist

Telefonbau – Normalzeit, 1970
Variation in Gelb
Siebdruck auf Papier
89 x 70 cm
[Telephone Construction—Standard Time], 1970
Yellow variation
Silk screen on paper
89 x 70 cm
Courtesy of the artist

Helke Rot – Film Decker, 1971
Negativfilm, Ulanofolie
81 x 64 cm
[Helke Red—Film Decker], 1971
Negative, Ulano film
81 x 64 cm
Courtesy of the artist

Börsenbericht, 1972/73
Mappe mit 6 Siebdrucken auf Papier:
BfG – Außenhandel (BfG – Business contract), 1972
Börsenbericht (Stock exchange report), 1972
Ratenkredit (Installment Loan), 1972
Überweisung (Money Transfer), 1972
Eurocheque (Euro Check), 1973
Sparbuch (Saving's Book), 1973
je 64 x 51 cm
[Stock Exchange Report], 1972/73
Portfolio of 6 silk screens on paper:
BfG—Außenhandel (BfG—Business contract), 1972
Börsenbericht (Stock exchange report), 1972
Ratenkredit (Installment Loan), 1972
Überweisung (Money Transfer), 1972
Eurocheque (Euro Check), 1973
Sparbuch (Savings Book), 1973
64 x 51 cm each
Courtesy of the artist

Apfel, 1973
Zeichnung auf Papier
74 x 74 cm
Apple, 1973
Drawing on paper
74 x 74 cm
Privatsammlung Private collection

Apfelbrei, 1973
Lithografie auf Papier
74 x 74 cm
Applesauce, 1973
Lithograph on paper
74 x 74 cm
Courtesy of the artist

Gotischer Schinken, 1980
Öl auf Leinwand
94 x 85 cm
Gothic Daub, 1980
Oil on canvas
94 x 85 cm
Privatsammlung, Wien Private collection, Vienna

$ (Dollar), 1980
Relief
Karton, Miniaturautos
100 x 70 x 10 cm
$ (Dollar), 1980
Relief
Cardboard, miniature cars
100 x 70 x 10 cm
Privatsammlung Private collection

¥ (Yen), 1980
Relief
Pappe, Papier, Modellautos
50 x 58,5 cm
¥ (Yen), 1980
Relief
Cardboard, paper, miniature cars
50 x 58,5 cm
Sammlung Mathias Völcker Collection

Fotobelichtungen 1–4, 1985
Direktbelichtungen auf Fotopapier
60 x 50 cm
[Photographic Exposures 1–4], 1985
Direct exposures on photographic paper
60 x 50 cm
Courtesy of the artist

Komposition A (schwarz/rot), 1985
Stempel auf Leinwand
132 x 168 cm
[Composition A (Black/Red)], 1985
Stamp on canvas
132 x 168 cm
Privatsammlung Private collection

Kreise, 1985
Direktbelichtungen auf Leinwand
118 x 122 cm
[Circles], 1985
Direct exposures on canvas
118 x 122 cm
Courtesy of the artist

Kreisverzerrungen, 1985
Direktbelichtungen auf Leinwand
140 x 123 cm
[Circle Distortions], 1985
Direct exposures on canvas
140 x 123 cm
Courtesy of the artist

Pinselstriche, 1985
Direktbelichtungen auf Leinwand
136 x 122 cm
[Brushstrokes], 1985
Direct exposures on canvas
136 x 122 cm
Courtesy of the artist

Mappe mit Pinselutensilien, 1987
Papier, Holz, Gummi, Metall
40 x 60 cm
[Folder with Paintbrush Utensils], 1987
Paper, wood, rubber, metal
40 x 60 cm
Courtesy of the artist

Stückmalerei (45 Variationen), 1987
Collage auf Leinwand
146 x 132 cm
[Piece Painting (45 Variations)], 1987
Collage on canvas
146 x 132 cm
Courtesy of the artist

Verdun (Totentanz), 1987
Stempeldruck auf Leinwand
183 x 200 cm
Verdun [Death Dance], 1987
Block print on canvas
183 x 200 cm
Privatsammlung Private collection

Himmelfahrt, 1988
Fotocollage auf Papier, Leinwand
224,5 x 224,5 cm
Ascension, 1988
Photo collage on paper, canvas
224.5 x 224.5 cm
Privatsammlung, Wien Private collection, Vienna

Verdun-Kreuzmadonna, 1988
Fotocollage auf Holz
198 x 146 cm
[Verdun Crucifix Madonna], 1988
Photo collage on wood
198 x 146 cm
Courtesy Galerie Barbara Weiss

Kreuzmadonna, 1988/2017
Siebdruck auf Kupfer
187,5 x 137,5 cm
[Crucifix Madonna], 1988/2017
Silk screen on copper
187.5 x 137.5 cm
Courtesy of the artist

Blumen des Bösen, 1989
Fotokopiencollage auf Papier
60 x 100 cm
The Flowers of Evil, 1989
Collage of photocopies on paper
60 x 100 cm
Privatsammlung Private collection

Ohne Titel, 1989
Collage auf Papier
34 x 24 cm
Untitled, 1989
Collage on paper
34 x 24 cm
Courtesy of the artist and
Galerie Mezzanin, Geneva

Fuck Canon, 1990
Fotokopiencollage auf Papier
200 x 270 cm
Fuck Canon, 1990
Collage of photocopies on paper
200 x 270 cm
Courtesy Gavin Brown's Enterprise

Porträt (Pia Fries) nach Thomas Ruff, 1990
Collage
Courtesy of the artist
[Portrait (Pia Fries) after Thomas Ruff], 1990
Collage
80 x 60 cm
Courtesy of the artist

And Back Again - Unagami II, 1991
Offsetdruck
86 x 62 cm
And Back Again—Unagami II, 1991
Offset print
86 x 62 cm
Courtesy of the artist

Unagami, 1991
Fotocollage
Unagami, 1991
Photo collage
42 x 30 cm
Courtesy of the artist

Unagami, 1991
Siebdruck auf Leinwand
103 x 82 cm
Unagami, 1991
Silk screen on canvas
103 x 82 cm
Courtesy of the artist

Unagami (Farbauszüge), 1991
Collagen
ca. 100 x 100 cm
Unagami [Color Separations], 1991
Collages
ca. 100 x 100 cm
Courtesy of the artist

Rapport I, 1997/2005
Relief
Karton, Miniaturautos
106 x 94 x 9 cm
Rapport I, 1997/2005
Relief
Cardboard, miniature cars
106 x 94 x 9 cm
Privatsammlung Private collection

Objekt Singer, 1999
Filzstift auf Pappe, Holz, Draht, Plastikautos
160 x 160 x 50 cm
[Singer Object], 1999
Felt-tip pen on pasteboard, wood, wire, plastic cars
160 x 160 x 50 cm
Courtesy Galerie Francesca Pia, Zürich Zurich

Roadmap, 2003
Pappe, Schaumstoff, Modellautos
75 x 75 x 16 cm
Roadmap, 2003
Pasteboard, foam, model cars
75 x 75 x 16 cm
Privatsammlung, Wien Private collection, Vienna

SARS Formation, 2004/05
Konglomerat aus 10 Teilen
Pappe, Holzkonstruktion
520 x 460 x 380 cm
SARS Formation, 2004/05
Conglomeration of 10 parts
Pasteboard, wood construction
520 x 460 x 380 cm
Courtesy of the artist

Sancta Maria, mater Dei, ora pro nobis
peccatoribus, nunc et in hora mortis nostrae, 2009
Gedrechseltes Holz mit Kugellager und
Anflansch-Technik
B 14, Ø 56 cm
Sancta Maria, mater Dei, ora pro nobis peccatoribus,
nunc et in hora mortis nostrae, 2009
Turned wood with ball bearings and flange
technique
W 14, Ø 56 cm
Courtesy of the artist and
Galerie Barbara Weiss, Berlin

Santa Maria, Madre di Dio, prega per noi peccatori,
adesso e nell'ora della nostra morte, 2009
Gedrechseltes Holz mit Kugellager und
Anflansch-Technik;
B 14, Ø 56 cm
Santa Maria, Madre di Dio, prega per noi peccatori,
adesso e nell'ora della nostra morte, 2009
Turned wood with ball bearings and flange
technique; W 14, Ø 56 cm
Courtesy of Galerie Barbara Weiss, Berlin

Pietà Blue Telephone, 2015
Digitaldruck auf Leinwand
200 x 200 cm
Pietà Blue Telephone, 2015
Digital print on canvas
200 x 200 cm
Courtesy Galerie Johann Widauer

Verdun / Smell of death, 2015
Acryl, verschiedene Techniken, Digitaldruck
auf Leinwand
200 x 200 cm
Verdun / Smell of death, 2015
Acrylic, mixed media, digital print on canvas
200 x 200 cm
Courtesy of the artist

Highway Dream, 2016
Digitaldruck und Gouache auf Leinwand
200 x 200 cm
Highway Dream, 2016
Digital print and gouache on canvas
200 x 200 cm
Courtesy of the artist

World War I (plastische Autobahn auf
Totenköpfen), 2016
Acrylmalerei, Karton, Digitaldruck auf Leinwand
200 x 200 cm
World War I [Plastic Highway on Skulls], 2016
Acrylic paint, cardboard, digital print on canvas
200 x 200 cm
Courtesy Air de Paris

Black Bones + Blue Phones, 2016/17
Digitaldruck auf Leinwand
200 x 200 cm
Black Bones + Blue Phones, 2016/17
Digital print on canvas
200 x 200 cm
Courtesy of the artist

Pietà Gelb, 2016/17
Digitaldruck und Gouache auf Leinwand
200 x 200 cm
[Pietà Yellow], 2016/17
Digital print and gouache on canvas
200 x 200 cm
Courtesy of the artist

Smell of Death, 2016/17
Digitaldruck und Gouache auf Leinwand
Smell of Death, 2016/17
Digital print and gouache on canvas
200 x 200 cm
Courtesy of the artist

iPhone meets Japan, 2017
Begehbare Installation, nach einem Entwurf von
Nishikawa Sukenobu um 1720
Assistenz des Künstlers: Martin Feldbauer
Digitaldruck auf Kunststoff
iPhone meets Japan, 2017
Walk-in installation, after a preliminary study by
Nishikawa Sukenobu from ca. 1720
Assistance of the artist: Martin Feldbauer
Digital print on plastic
1614 x 1614 cm
Courtesy of the artist

iPhone Pietà, 2017
Tapisserie: Atelier Patrick Guillot, Aubusson
Seide, Leinen, Baumwolle, Naturviskose
250,5 x 253,5 cm
iPhone Pietà, 2017
Tapestry: Atelier Patrick Guillot, Aubusson
Silk, linen, cotton, natural viscose
250.5 x 253.5 cm
Courtesy of the artist

Pietà, 2017
Digitaldruck, Karton und Bleistift auf Leinwand
Pietà, 2017
Digital print, cardboard, and pencil on canvas
200 x 200 cm
Courtesy of the artist

IMPRESSUM IMPRINT

Dieser Katalog erschien anlässlich der Ausstellung
This catalog has been published on the occasion
of the exhibition

THOMAS BAYRLE
Wenn etwas zu lang ist – mach es länger
If It's Too Long—Make It Longer

Ausstellungsdauer Exhibition Dates: 25.10.2017 – 2.4.2018

KuratorInnen Curators:
Nicolaus Schafhausen, Gastkurator Guest Curator
Bärbel Vischer, Kustodin MAK-Sammlung Gegenwartskunst
Curator, MAK Contemporary Art Collection

Studio Thomas Bayrle:
Martin Feldbauer, Thomas Judin, Harald Pridgar

Ausstellungsorganisation Exhibition Management:
Viktoria Calvo-Tomek

MAK
Stubenring 5, 1010 Wien Vienna, Austria
T +43 1 711 36-0, F +43 1 713 10 26
office@MAK.at, MAK.at

MAK Center for Art and Architecture
Los Angeles at the Schindler House
835 North Kings Road, West Hollywood,
CA 90069, USA

Mackey Apartments
MAK Artists and Architects-in-Residence Program
1137 South Cochran Avenue, Los Angeles,
CA 90019, USA

Fitzpatrick-Leland House
Laurel Canyon Boulevard/Mulholland Drive
Los Angeles, CA 90046, USA
T +1 323 651 1510, F +1 323 651 2340
office@MAKcenter.org, MAKcenter.org

Josef Hoffmann Museum, Brtnice
Eine Expositur der Mährischen Galerie in Brno
und des MAK, Wien
A joint branch of the Moravian Gallery in Brno
and the MAK, Vienna
náměstí Svobody 263, 588 32 Brtnice,
Tschechische Republik Czech Republic
T +43 1 711 36-220
josefhoffmannmuseum@MAK.at, MAK.at

HerausgeberInnen Editors:
Christoph Thun-Hohenstein, Nicolaus Schafhausen,
Bärbel Vischer

Katalogredaktion Catalog Editing:
Nicolaus Schafhausen, Bärbel Vischer

Lektorat Copy Editing:
Bettina R. Algieri (Leitung Head), Cornelia Malli

Übersetzungen Translations:
Claudia Fuchs (EN>DE): S. pp. 64–74
Maria Slater (DE>EN): S. pp. 8/9, 15/16, 28–33, 51–56

Grafische Gestaltung Graphic Design:
Albert Mayr

Reproduktionen Reproductions:
Pixelstorm Wien Vienna

Schrift Type:
Gotham

Papier Paper:
Munken Lynx

Druck und Bindung Printing and Binding:
Wograndl Druck, Mattersburg

Bildnachweis Photo Credits:
Sofern nicht anders angegeben, alle Abbildungen
Unless stated otherwise, all illustrations: © Bildrecht, Wien Vienna, 2017
© MAK: S. pp. 55, 90

Informationen zu MAK-Ausstellungen finden Sie unter MAK.at,
zu MAK-Ausstellungskatalogen und weiterer MAK-Publikationen
siehe MAKdesignshop.at.

For more information on MAK exhibitions please visit MAK.at,
on MAK exhibition catalogs and other MAK publications
MAKdesignshop.at.

Umschlagabbildung Cover Illustration:
Eröffnung der Einzelausstellung *produzione Bayrle*,
Galleria Apollinaire, Mailand 1968
Opening of the solo exhibition *produzione Bayrle*,
Galleria Apollinaire, Milan 1968
Foto Photo: Galleria Apollinaire
© Bildrecht, Wien Vienna, 2017

Erschienen im Published by
VfmK Verlag für moderne Kunst GmbH
Salmgasse 4a, 1030 Wien Vienna
hello@vfmk.org, www.vfmk.org

ISBN 978-3-903153-93-6

Alle Rechte vorbehalten All rights reserved
Gedruckt in Österreich Printed in Austria

© 2017 MAK, Wien Vienna, Verlag für moderne Kunst

Das Copyright der Texte liegt bei den AutorInnen.
The authors retain copyright to their texts.

Das MAK bemüht sich in seinen Publikationen um eine
gendergerechte Schreibweise.

Library of Congress Cataloging-in-Publication data
A CIP catalog record for this book has been applied
for at the Library of Congress.

Bibliografische Information der Deutschen Nationalbibliothek:
Die Deutsche Nationalbibliothek verzeichnet diese Publikation
in der Deutschen Nationalbibliografie; detaillierte bibliografische
Daten sind im Internet über http://www.dnb.de abrufbar.

Bibliographic information published by the German National Library:
The German National Library lists this publication in the Deutsche Nationalbibliografie; detailed bibliographic data are available on the Internet at
http://www.dnb.de.

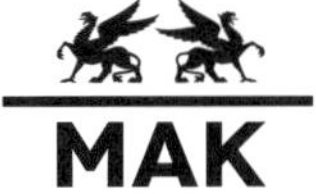
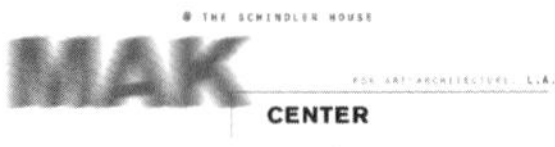
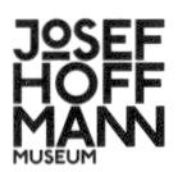

Dieses Projekt wurde ermöglicht durch
die großzügige Unterstützung von
This project was made possible thanks to
the generous support of
Phileas – A Fund for Contemporary Art.

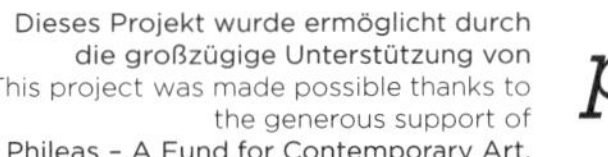
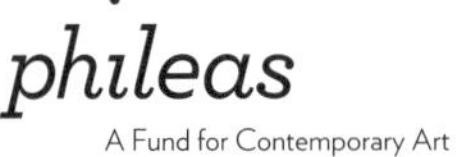

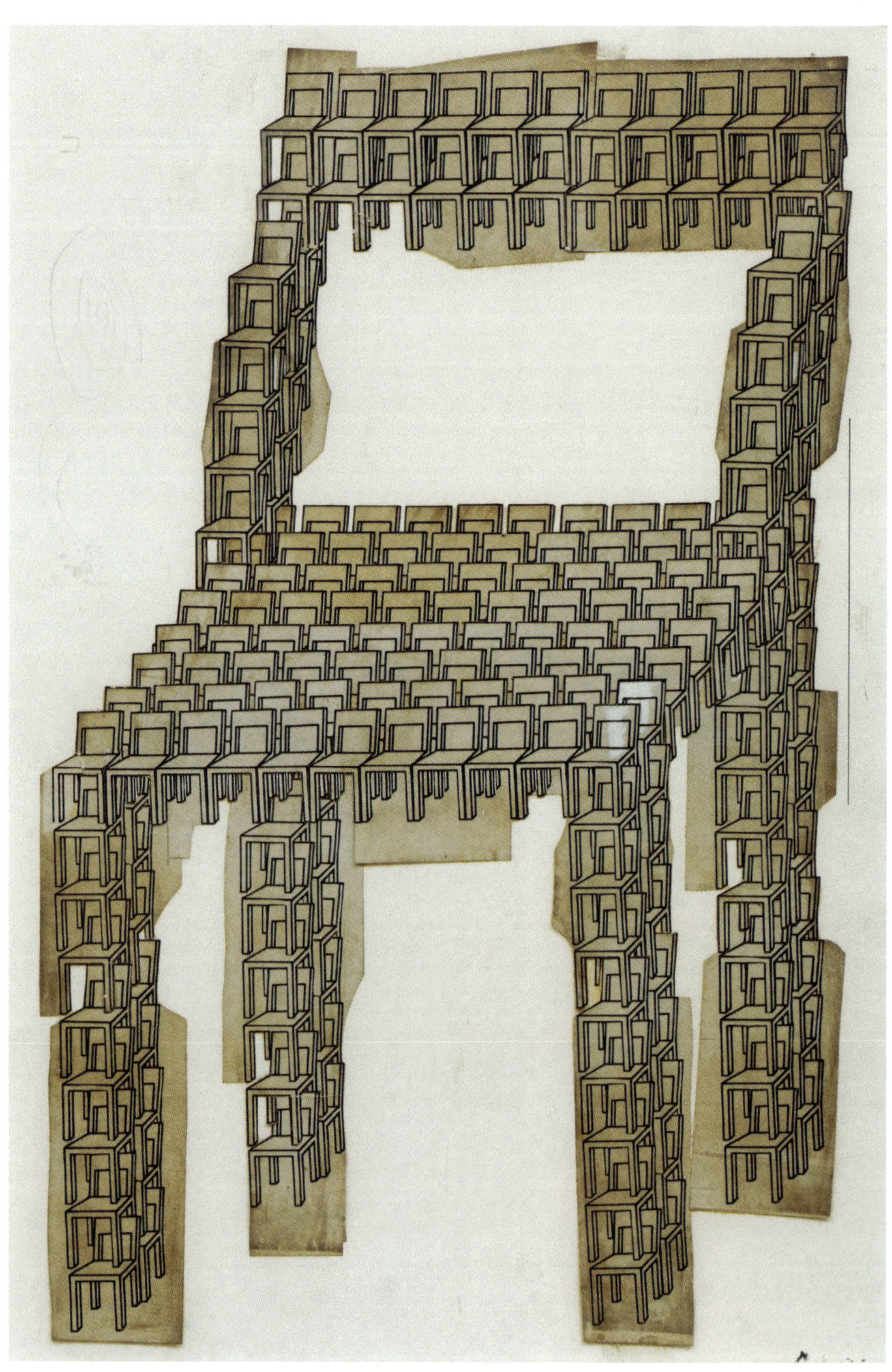

Feierabend (Chair up!), 1970; Collage aus Klebestreifen auf Karton; Foto: Wolfgang Günzel
[Home Time] *(Chair up!)*, 1970; Collage of adhesive strips on cardboard; Photo: Wolfgang Günzel
Courtesy of the artist